シンポジウム

分断国家・米国と
シン国際秩序

~メディアは混迷する世界情勢をどう報じるか~

公益財団法人 新聞通信調査会 編

シンポジウム
分断国家・米国とシン国際秩序
～メディアは混迷する世界情勢をどう報じるか～

真山仁氏による基調講演

パネルディスカッションに登壇した(左から)杉田弘毅、前嶋和弘、東野篤子、柯隆の各氏

第1部 基調講演
激動と混沌の時代
我々は如何にしてグローバル的視点を養うか

小説家
真山 仁（まやま・じん）

1962年大阪府生まれ。新聞記者、フリーライターを経て2004年『ハゲタカ』（ダイヤモンド社）で小説家デビュー。同シリーズや地熱発電開発を舞台にした『マグマ』（角川文庫）、東京地検特捜部の検事が主人公の『売国』『標的』（共に文春文庫）、日本の財政破綻問題を描いた『オペレーションZ』（新潮社）、日本最強の当選請負人が主人公、選挙の裏側にスポットを当てた『当確師』（光文社文庫）などドラマ、映画化作品も多数。最新刊は『当確師 正義の御旗』（光文社）。

第❷部 パネルディスカッション

分断国家・米国とシン国際秩序
～メディアは混迷する世界情勢をどう報じるか～

パネリスト

上智大学教授
前嶋和弘
（まえしま・かずひろ）

上智大学総合グローバル学部教授。アメリカ学会前会長。グローバル・ガバナンス学会副会長。専門は現代アメリカ政治・外交。ジョージタウン大学大学院政治学部修士課程修了（MA）、メリーランド大学大学院政治学部博士課程修了（Ph.D.）。主な著作は『アメリカ政治とメディア』（北樹出版、2011年）、『キャンセルカルチャー：アメリカ、貶めあう社会』（小学館、2022年）、『アメリカ政治』（共著、有斐閣、2023年）など。

パネリスト

筑波大学教授

東野篤子
(ひがしの・あつこ)

東京都生まれ。慶応義塾大学大学院博士課程修了、英国バーミンガム大学政治・国際関係研究科博士課程了(Ph.D.)。経済協力開発機構(OECD)日本政府代表部専門調査員、広島市立大学国際学部准教授などを経て現職。専門は欧州の国際政治。共著に、『解体後のユーゴスラヴィア』(晃洋書房)、『現代ヨーロッパの国際政治』(法律文化社)など。

パネリスト

柯 隆 （か・りゅう）

東京財団政策研究所主席研究員

中国南京市生まれ。1988年留学のため来日。1998年富士通総研経済研究所主任研究員。2006年同主席研究員。2018年東京財団政策研究所主席研究員。現在、静岡県立大学グローバル地域センター特任教授、多摩大学大学院客員教授、JapanSPOTLIGHT編集委員。著書に『中国「強国復権」の条件』（慶応義塾大学出版会、2018年、第13回樫山純三賞受賞）、『「ネオ・チャイナリスク」研究』（慶応義塾大学出版会、2021年）、『中国不動産バブル』（文春新書、2024年）など。

コーディネーター

杉田弘毅 (すぎた・ひろき)
共同通信客員論説委員

共同通信テヘラン支局長、ワシントン支局長、論説委員長、特別編集委員、国際新聞編集者協会（IPI）理事などを務め、2022年から明治大学特任教授（メディアと国際政治）。BS朝日「日曜スクープ」アンカー。2021年度日本記者クラブ賞受賞。著書は『アメリカはなぜ変われるのか』（ちくま新書、2009年）、『「ポスト・グローバル時代」の地政学』（新潮選書、2017年）、『アメリカの制裁外交』（岩波新書、2020年）、『国際報道を問いなおす』（ちくま新書、2022年）など

基調講演の模様

司会を務めたフリーアナウンサーの戸丸彰子氏

パネルディスカッションの模様

シンポジウム

分断国家・米国と
シン国際秩序

～メディアは混迷する世界情勢をどう報じるか～

公益財団法人 新聞通信調査会

主催者あいさつ

公益財団法人 新聞通信調査会
理事長 　西沢 豊

　皆さま、こんにちは。公益財団法人 新聞通信調査会理事長の西沢です。本日は、「分断国家・米国とシン国際秩序〜メディアは混迷する世界情勢をどう報じるか〜」と題して、今年度2回目のシンポジウムを企画しましたところ、大勢の皆さまにご来場いただき、またオンラインでも多くの方に視聴していただいております。誠にありがとうございます。これはやはり、トランプ2.0に対する皆さまの強い関心と、このシンポジウムへの期待の表れと受け止めております。

　さて、11月の米大統領選でトランプ氏が接戦予想を覆して圧勝しました。「世界は極度の混沌(こんとん)の時代へ突入しそうだ」と朝日新聞の社説は書き出しておりますが、この認識はどこも同じでしょう。一方で与党共和党は議会上院、下院の多数も制し、いわゆるトリプルレッドを達成しました。保守派が多数を占める最高裁判所とあわせて、政権基盤は強固になりました。トランプ氏は、新政権の人事を着々と固めておりますが、1期目に人事で苦労した反省から、自分に忠誠を尽

くす人物を配し、最初の2年間でやりたいことを全てやるのではないか、とも言われております。

トランプ政治のキモは「米国第一主義」です。ありていに言えば、米国に利益になることはやるが、利益にならないことはやらない。それによって「MAGA」、偉大な米国を復活させる、ということです。自分なら「24時間で終わらせる」と豪語したロシア・ウクライナ戦争も、ウクライナへの軍事支援はやめたいというのが本音です。果たしてプーチン大統領のロシアとどんなディールをするのか。また、イスラエルのガザ攻撃に終止符を打ち、中東の平和を達成できるのか。来年1月の政権発足に向けて、世界は固唾をのんで見守っております。

安全保障面では北大西洋条約機構（NATO）や日本、韓国など同盟国との関係、また中国が圧力を強める台湾、核開発を強化する北朝鮮への対応も焦点です。そして何より、1期目に中国との対決、米中新冷戦がクローズアップされましたが、これは貿易を中心に、さらに拍車がかかりそうです。ただ、関税に執着し、自由貿易を軽視すれば、同盟国との間に不協和音が生じかねません。それは結果として、ロシアや中国など権威主義国家を利することになります。

本日は第1部で、小説家の真山仁さんに「激動と混沌の時代　我々は如何にしてグローバル的視点を養うか」と題して基調講演をいただきます。真山さんは新聞記者などを経て、2004年に企業買収の壮絶な舞台裏を描いた『ハゲタカ』で小説家デビューし、現在は「常識を疑え」をモットーに、政治や経済に切り込んでおられます。第2部のパネルディスカッションでは、米国の政治経済がご専門の前嶋和弘上智大学教授、ロシア、ウクライナを含め、欧州の国際政治がご専門の東野篤子筑波大学教授、中国経済をテーマに活躍されている柯隆東京財団政策研究所主席研究員、そしてコーディネーターは国際取材が豊富な杉田弘毅共同通信客員論説委員兼明治大学特任教授にお願いしました。

結びになりますが、真山さんをはじめ、パネリストの皆さまには大変ご多忙な中、出席を快諾いただきました。この場をお借りして厚く御礼申し上げ、主催者からの開会のごあいさつといたします。最後までどうぞよろしくお願いします。

目次

シンポジウム
分断国家・米国とシン国際秩序
~メディアは混迷する世界情勢をどう報じるか~

主催者あいさつ ………………………………………………………… 3
公益財団法人 新聞通信調査会 理事長　**西沢 豊**

シンポジウム開催概要 ………………………………………………… 7

第❶部 基調講演

激動と混沌の時代 我々は如何にして グローバル的視点を養うか

真山 仁　小説家

日本人は俯瞰して物を見るのが苦手 ……………………………… 12
多数の視点を持つには ……………………………………………… 14
世界の中の日本をどう見るか ……………………………………… 14
もっと近隣の国に関心を …………………………………………… 16
メディアの責任はどこにあるのか ………………………………… 18
今起きていることを伝えるとは …………………………………… 19
米軍が日本から撤退したら ………………………………………… 21
日本の食料自給率は本当に低い？ ………………………………… 23
日本に及ぼす影響を踏まえた報道を ……………………………… 23
質疑応答 ……………………………………………………………… 24

第 2 部 パネルディスカッション

分断国家・米国とシン国際秩序
～メディアは混迷する世界情勢をどう報じるか～

パネリスト

前嶋和弘 上智大学教授
東野篤子 筑波大学教授
柯 隆 東京財団政策研究所主席研究員

コーディネーター

杉田弘毅 共同通信客員論説委員

1. プレゼンテーション

前嶋和弘
- 「トランプ圧勝」ではない………………………………………………………… 31
- 新政権が急ぐ理由………………………………………………………………… 36
- 米メディアの分断と信頼度低下………………………………………………… 38
- アメリカ人は「SDGsって何?」………………………………………………… 40

東野篤子
- ウクライナの領土とNATO加盟、欧州の支援意思……………………………… 41
- 懸念されるトランプ新政権のサイン……………………………………………… 45
- 深刻化する越冬能力……………………………………………………………… 47
- 中国と北朝鮮のロシア支援……………………………………………………… 48
- プーチン大統領の思惑は?………………………………………………………… 51

柯 隆
- 減速する中国経済………………………………………………………………… 52
- 統計より高い失業率と設備稼動率の低下……………………………………… 55
- 国内2位は酒造業、スパコンは世界トップ10圏外……………………………… 58
- 戦狼外交からパンダ外交へ……………………………………………………… 60
- 習近平主席は4期目へ…………………………………………………………… 62

杉田弘毅
- 日本のメディアはアメリカ依存か………………………………………………… 62

2. 質疑応答

大統領選の世論調査は外れていない	65
今後の米民主党は	66
ウクライナ人の8割が「勝利する」	67
米国と欧州の戦略的自立	68
米国の中国人「8割がトランプ支持」	69
トランプ氏が描く「シン国際秩序」は	72
本当に右傾化か　グレーなものをグレーで捉える	73
日中関係の重要性は経済	75
日米関係「基本的に問題ない」	76
日欧のメディアの違い	76
日米のメディアの違い	79
多言語の報道、日本語教育の強化を	81
中国とロシアの軍事協力は	82
メディアの公正原則は守られるべきか	83
ポータルサイトの有用性	84

シンポジウム開催概要

題名　分断国家・米国とシン国際秩序
　　　〜メディアは混迷する世界情勢をどう報じるか〜
主催　公益財団法人　新聞通信調査会
会場　プレスセンターホール（日本プレスセンタービル　10階）
日時　2024年12月3日　13:00〜16:15（12:30受付開始）
内容　第1部　基調講演　　　　　　　13:05〜14:05
　　　第2部　パネルディスカッション　14:15〜16:15

【表紙の写真】
（表）米大統領選勝利のスピーチをするトランプ氏＝2024年11月、米国フロリダ州
　　　（Miami Herald／TNS／ABACA／共同通信イメージズ）
（裏）トランプ氏が大統領選の勝者として発表された後、反応する支持者の群衆
　　　＝2024年11月、米国フロリダ州
　　　（Miami Herald／TNS／ABACA／共同通信イメージズ）

第 1 部
基調講演

激動と混沌の時代
我々は如何にして
グローバル的視点を養うか

真山 仁
小説家

激動と混沌の時代 我々は如何にして グローバル的視点を養うか

真山 仁
小説家

真山 仁氏

　今日は大変興味深く、さらに今後を占う面白いテーマで、この後のパネルディスカッションでは各分野の第一人者の皆さんが議論されます。基調講演としてどういうお話をするとよいか考えていました。小説を書く上で、一番必要となるのは"妄想力"です。私の場合は社会で実際に起きていることをベースにして、問題と感じたテーマを伝えるために取材を重ね、事実と虚構を織り交ぜて書いています。今現実に起きていることはこうだけど、もしかすると別の選択肢があったのではないか、あるいはこのままだと未来はこうなるのではないかと"妄想力"を働かせて、取材者から小説家へちょっと変換しています。その"妄想力"の根

第1部　基調講演

幹には人とは違うさまざまな視点で物を見ようとか、あるいは常識に縛られて見落としている考え方はないかといった動機があります。いろいろな視点の意味を皆さんにお伝えすることで、少し頭を柔らかくしていただいて、よりパネルディスカッションが面白くなるための役割を担えれば幸いです。

日本人は俯瞰して物を見るのが苦手

　私が小説を書くときに、一番大切だと思っていることがあります。それは複数の視点を持つことです。小説には主人公と呼ばれる人たちがいますが、彼らは"視点登場人物"です。どういうことかというと、主人公にだけ、頭の後方辺りにカメラがあり、自分の見えている世界を読者に語ります。これはテレビや映画と同じですが、小説のカメラの場合、視点登場人物の心の中も映します。例えば、今私が話をして、皆さんは聞いています。私のカメラでは皆さんの反応しか分かりませんが、聞き手に視点登場人物を作ると、なるほどそういうふうに考えるのかとか、小説家は変わっているなとか、頭に浮かぶつぶやきを文字にできるので、読者にこの登場人物の価値観や物の見方を示すことができます。

　例えばアメリカの大統領選挙一つをとっても、「トランプって大っ嫌い」という人もいれば、「日本にとってはトランプが大統領になった方が良いのではないか」と考える人もいる。小説の場合は、いろいろな価値観を持つ登場人物を通じて感情移入させられながら、自分とは異なる視点による考え方や行動を疑似体験できる。つまり、視点を持つ主人公の数が多ければ、それだけ多様な価値観を知ることができます。

　日本は同調圧力という言葉があるように、ほぼ単一民族の国で同じ文化を共有している。そのため宗教間の争いや言語の違いによる交流の難しさはなく、何かあれば一つに集まろうとし、それを美徳としていますが、世界では稀なことです。そうした世界的な視点を持ちながら物事を見ないと、世界情勢が正しく理解できない。いろいろな視点を持って物事を見ると、それぞれが異なる正義感を持っていることが分かります。キリスト教徒にイスラム教がいかにすごいか説明しても、理解のある人であっても「なるほど、そういう神がいてもいいよね、でもイエスは…」と言うでしょう。逆もしかりです。日本では「話せば分かる」とお

互いを理解させようとしますが、世界ではうまく共存できる落としどころを探します。意見を押しつけるのではなく「そういう考え方もあるんだ」とどう分かってもらうかが大切です。

　これがうまくいかないと正義と正義がぶつかり合って譲れないことが出て、争いごとが起きてしまいます。これは別に国際情勢だけではなく、個々人の生活でも企業の中においても同じですが、外国に行くと環境がそもそも違うので、相手の立場から見る目を持つのが難しく、なかなか理解に届かない面がある。特に日本人の場合、外国とのコミュニケーションに対する思い込みが強い傾向があるので、バランスが取れた客観的な視点を持ちにくい。

　「それぞれの価値観がある」という認識を身に付ける上で、その前提としてぜひ意識してほしいことがあります。今日はメディア関係者が多いと伺っているので、恐らく皆さん耳にしたことがあるかもしれませんが、物事や社会を見るときに、鳥の目と虫の目を持ちましょうと言われます。もう少し分かりやすく言うと、俯瞰した視点と現場の目の両方がなくてはいけないということです。

　最近、若い人たちが現場という言葉を大事にしています。これは虫の目にあたります。現場へ実際に足を運んで、見て、取材して、そこで感じ取ったことを伝えるのは確かに大事ですが、その人が現場で取材した、あるいは見たり聞いたりしたことが、社会や国や世界にとってどういう位置付けになるのかは、現場からは見えません。

　特に若いジャーナリストが事件の現場に行くと、たぶんその人の人生で一番悲惨な事件に出くわすので、「すごいことが起きました」と報告します。ただ、経験を積んだ人間からすると、それほどすごくなかったりする。でも、そう言ってしまうと若い人のモチベーションは下がりますから、どうすごいのかきちんと説明させつつ、その事件は今の社会においてどう位置付けすれば良いのか考えさせる。国際的な問題であれば、今起きていることは世界にとって、日本にとってどう考えるべきなのかと、視点、カメラを足元から上の方へ上げなければいけません。しかし日本人は、俯瞰して物を見ることが苦手だと思います。

　先ほど私が小説を書くときは、複数の視点を持つことを大切にしていると申し上げましたが、日本は昔から、一人称で一視点の小説が圧倒的に多いです。文学作品はほぼそうで、心の内面を描き、自問自答しながら、これで良いのだろうか

と疑いながら読む文化が、日本の小説を培ってきました。非常に日本的です。この視点に慣れてしまうと、なかなか俯瞰して物を見るのは難しい。だから、どこかで戦争が起きたり、悲惨な事件が起きたりすると、最初にその悲惨な映像や画像を見た瞬間に、それが全てになってしまう。そして起きたこと全体がどういうことなのかという意味をなかなか考えられない。

多数の視点を持つには

だからあえて鳥の目を意識して、もっと広い視野を持つ必要があります。常に多数の視点が世の中にはあって、価値観は一つではないと意識する。あるいは自分は今どういう立場にいるのかを把握し、ここから視点をどんどん上げていくと、景色はどう変わるだろうかと考えることを習慣付けていると、俯瞰した目を養えるようになります。

最近は、インターネットからの情報だけで記事を書くこともできます。Googleのおかげで、世界の街のどこのストリートでも見ることができますし、周辺の地形も分かります。ということは、例えば小説を書いていて、ナポリのカフェで密会する場面をつくろうと思ったら、インターネットを使えば現実にある適当なカフェの名前も調べることができます。でも、読む人が読むと現場に行っていないのは分かります。なぜなら、そこの空気を吸っていない、現場の感覚がない。ですから、俯瞰した目を持つのも大事ですが、現場でその空気を吸わないことを勧めているわけではありません。

現場に一歩も踏み込まず、その現場の悲惨な状況を表現力だけで補おうとする俯瞰しかない目、逆に、現場のことをただ熱く書いて情をあおるだけ、どちらかに偏ってしまうことが非常に多い。もっと、バランスの取れた視点を持つ意識が必要です。

世界の中の日本をどう見るか

次に、世界情勢を考えるときに大事なのは、世界の中の日本をどう見るかです。

スライドを1枚見ていただ
きます。世界地図です（日本
が中央に位置している地図
A）。皆さんの頭の中に常に
世界地図があるかどうかが、
国際情勢を俯瞰して見る上で
すごく重要です。日本の東側
にアメリカがあって、西側に
アジア、ヨーロッパがありま

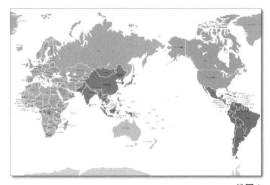

地図A

すが、こうやって見ていると、まず日本が世界で最悪の場所にあることにお気付きでしょうか。西に中国、朝鮮半島、北西にロシア、東は太平洋を挟んでアメリカ。軍事力ランキングのトップ5に入る国ばかりです。そして引っ越すことはできません。なのに、多くの日本人はなぜかのんきで、どこよりも平和で幸せな国だと思っています。ある意味、現状から言うと奇跡のようなことが起きています。多分、日本の場所に引っ越してもいいよという国を世界中から募っても、どこも手を挙げないと思います。

日本は島国ですから、隣国から送電線で電気を輸入することはできません。原子力発電を止めてカーボンニュートラルを目指すなら、自国ですべての電力を賄うしかありません。フランスの原発を頼れば、あとは自国の太陽光発電と風力発電で何とかできるヨーロッパの国々とは置かれている状況が異なります。

こういう視点があれば、日本がどういう外交をしなければいけないのかとてもよく分かると思いますが、敏感であるべきメディアの関係者ですらこの世界地図を頭に入れて行動していないと思います。アメリカを報道している人はアメリカしか見えていない。ヨーロッパを報道している人はヨーロッパしか見えていない。中国もしかり、アフリカもアジアもそうです。自分たちの国がどこにあるかという意識を持たずに、世界とつながってグローバルな発想をすることはできません。多くの国は、隣国が何をするかずっと心配しています。ヨーロッパの人と話をすると、陸続きで外国と接しているから、突然国境の向こうから戦車が来るのではないかという恐怖が常にあると聞きます。日本は海に囲まれた国なので、そんな心配はない。

ですが、世界の中で日本がどういう存在か考えるとき、物理的な距離が関係ない場合もあります。

実際にヨーロッパと日本、アメリカと日本の距離を見るとはるかかなたにあるのですが、日本はこの遠い二つの地域がなぜか大好きです。逆に、日本に近い東南アジアやロシアとは、なんとなく距離を置いています。これも外交的視点で見るとあり得ない。なぜなら、近隣諸国をちゃんと理解して、時には監視することによって、どうやって共存していくのか考えるべきだからです。

ただしそれは最近の話で、おそらく戦後数十年、日本の総理大臣や官庁は、この面倒くさい場所にある日本が、どうやって生き残ればいいか、ずっと知恵を絞ってきたと思います。日本の政治は三流で外交も三流だとよく言われます。どこにでも媚びを売って金をばらまき、八方美人で、どうしようもない国だという人がいますが、そうでもしなければ生き残れなかったかもしれないという発想が湧いてくるべきですが、なかなかそこに行き着かない。

もっと近隣の国に関心を

もう1枚世界地図をお見せします（日本が右端に位置している地図B）。日本がどこにあるか分かりますか？　右の端です。これがおそらく世界中の多くの人が見ているスタンダードな世界地図です。極東と呼ばれているのは皆さんご存知だと思います。極東という言葉があまりにも普通の単語になってしまっていますが、Far East、東の端にある。つまり日本は最も東の端っこにへばりついている国なのです。これが世界が感じている日本の場所です。

私たちは日本が真ん中にある世界地図で物を考えますが、残念ながら、世界にとって日本は中心ではありません。そして日本が東の端にあ

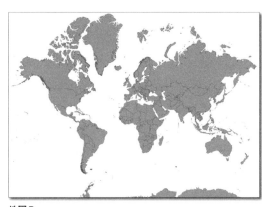

地図B

る地図では、日本が面倒な国に囲まれていることがほとんど分かりません。このように、視点を変えると、こんなに世界が変わって見える。

この地図（地図B）を見て何を考えればいいか。先ほどもっと近隣の国に関心を持つべきと言いましたが、そういう視点で考えると、ウクライナとロシアの戦争も違って見えてくる。ほとんどの日本人は、どこまで情報を知っているか分かりませんが、ウクライナに肩入れしている。ロシアは非人道的な国で、プーチン大統領は極悪だと思っているかもしれない。でも、少し前に犬好きのプーチンが秋田犬をもらってくれたときに、日本人は何と言ったでしょうか。「秋田犬をもらってくれてありがとう」「優しい人」。それがウクライナ侵攻後は手のひらを返し、日本に直接の被害はないのにプーチンは極悪人だと言い始めた。

今ようやくプーチンに対して正しい評価ができたとも言えますが、ではなぜウクライナの人はかわいそうでロシアは許せないと思ってしまうのか。それは、インターネットを通じて、自分の手元のスマホの画面に届くニュースで、ロシアが戦争を起こし、ウクライナの女性や子どもが大変な目に遭って、街が戦火に包まれてなくなってしまう様子を目の当たりにしたから。戦争の悲惨な状況に、ショックを受けたからです。ある意味、これはメディアの力だと思います。

つまり、報じられた悲惨な状況を驚き悲しむのは当然だし、いきなり国境を越えて他の国に侵攻するのは許し難いことですが、メディアが分かりやすく、加害者と被害者の構図で報道した結果とも言えるのではないか。一方で、この日本が東の端にある地図を思い出して考えていただきたいのは、ウクライナやロシアと日本との距離です。日本列島の北西部にある広大なエリアがロシア。ウクライナはその先です。

いずれウクライナとロシアの戦争なのか侵攻なのかは終わります。終わった後どうなるでしょう。ロシアから「戦争中にずいぶん非難してくれたよね」と言われ、困る事態に陥らないでしょうか。日本にとってロシアは隣接国であり、ウクライナは遠い国です。だからロシアに肩入れをしろと言っているのではありません。そうではなく、なぜもっと自分たちとの距離を意識しながら戦争になった過程や状況を理解しようとしなかったのか。なぜヨーロッパ諸国やアメリカに同調して、ロシアが過剰反応だと反発するような報道に終始してしまったのか。専門家はこの反応ではまずいともっと警鐘を鳴らすべきだし、メディアはロシアは隣

17

第 1 部　基調講演

国だときちんと理解した方がいい。

　実際、日本が北海道の北にあるサハリンで行っている天然ガスの開発について、ロシアは、日本がウクライナ側の支援をするならもうサハリンの権益を許さないと難色を示しました。そのとき「だからロシアは許せない」と非難しましたが、日本に対して何もしていないロシアが、いきなり大使館員を帰され、非難されてしまっている。その対応は隣国として良かっただろうかという視点が欲しい。

　メディアは国民や読者の感情をあおるためにあるのではない。冷静に、隣国のロシアが遠いヨーロッパの地で戦争しているのは悩ましいが、日本としてはどう対応すればいいのかと本気でバランスよく考える視点を持っていた報道があったかというと、残念ながら私はそう思わない。本来世界地図を常に頭の中に持っていなければいけない国際報道を担当する記者の中にも、こういう目がなくなってしまっているのではないかと、非常に危惧しています。

メディアの責任はどこにあるのか

　感情で人が動くのは当然です。例えば兵庫県の知事選挙でも、結局 SNS が感情をあおった結果選挙が大きく動いて、さらにメディアが叩かれた。メディアは嘘ばっかり言っていると言われている時に、なぜ嘘ではありませんと言えなかったのか。法律の問題などいろいろありますが、自分たちの意思、責任について自覚を持って報道していく姿勢が、メディアからどんどん薄れてきた。その影響がこのウクライナの問題にも表れたと感じています。

　ではガザで起きているパレスチナの問題はどうか。遠いから日本とは関係ないと思われがちですが、実は全然遠くない。地理の勉強をすると、エネルギー資源や農作物など、各国の強み弱みが、日本とどういう関わりをしているか考えさせられます。パレスチナで起きていることを考えるには、その視点が必要になる。一見イスラエルとハマスの戦いですが、背景には中東の国々の影があり、中東戦争になるのではないかと言われている。つまり、中東で大きな紛争が、イスラエルとアラブ諸国間で起きるのではないかと言われています。

　中東でもし本当に戦争が起きれば、日本は石油の約90％を中東から輸入してい

ますが、それが止まります。エネルギー不足、物価上昇など大ダメージを受ける
でしょう。つまり日本との距離を見るだけでなく、いろいろな安全保障や輸入・
輸出の関係性を太い線や細い線でつないでいく視点が必要になります。われわれ
も困るから、戦争は絶対しないでくれと率先して言いに行くべきですよね。なの
に、日本はまたのんきに人道的な話をしています。もちろん、イスラエルがパレ
スチナに猛攻撃を仕掛けていることは抗議するべきだけど、もっと大事なのは、
日本にとって中東戦争は困ると言えるかどうかです。そこを声を大にして、中東
戦争が起きたらエネルギー問題がどうなるのか、日本はどれだけ大変なことにな
るのかという視点で、パレスチナ問題を大きく取り上げた報道は見たことがあり
ません。

　ここでもう一つ大事なポイントがあります。別に石油が輸入できなくなっても
いいんじゃないかと言えるかどうかです。なぜならヨーロッパが先導してカーボ
ンニュートラル、脱炭素社会を目指す取り組みに日本も賛同している。今のとこ
ろ石炭火力発電が主な削減対象ですが、将来的には火力発電全部をやめたい。ガ
ソリン車も減らそうとしている。輸入に頼るしかない石油依存から脱却するチャ
ンスだ、中東戦争になれば日本は石油が輸入できなくなるが、そのまま世界で最
初の脱炭素社会に突入できる。でもそんなことを言う人は皆無です。なぜなら、
石油が輸入できなくなったら日本は生活ができなくなるから。だとすると、実現
する見込みの薄いカーボンニュートラル社会を目指す意味はあるのかと、なぜ誰
も言わないのか。なぜならそれは日本が憧れていて常に気にしている、世界地図
の中央にあるヨーロッパとアメリカの東海岸が気になって仕方がないからです。

　このように、われわれはイメージに流されやすく、自分たちが思い込まされて
いるとも思わず信じてしまいがちです。でも、異なる視点で見ていくと、まるで
オセロのように、黒いと言われたものは白くなり、白いと言われたものは黒くな
ることが分かっていただけるでしょうか。もう少し、具体的な話をします。

今起きていることを伝えるとは

　今回のシンポジウムのテーマでもあり、先ほど理事長のあいさつにもあったア
メリカの大統領選挙ですが、日本人の感覚では傍若無人なトランプが大統領にな

るなんてあり得ない、民主主義が終わったと思った人がいるかもしれません。ですが、あれこそが民主主義。

　日本人は民主主義は人間を幸せにするものだという幻想を抱きすぎています。最大多数の最大幸福を目指すために、多数決で物事を決めるのが民主主義の土台です。世の中を前に進めるために選挙は行われます。民主主義を守りたければ、自分たちが未来を託す人を政治家として選び、その人が政治家になったら、その人が進めようとする政治を前に進めるため積極的に関与して、多数の支持を得なければならない。いくら考え方ややり方が素晴らしくても、選挙で選ばれなくては意味をなさない。それが民主主義です。

　ところが日本は、なぜか民主主義という制度だけを素晴らしいと言い続ける。例えば、先の衆議院選挙で自民党が過半数を割ったら、民主主義の勝利だという人がいた。本当にそうでしょうか。そうは思いません。

　そもそも、現実にはいまだに自民党が第1党であることは間違いなく、ただ過半数を占める政党がなくなっただけです。与党に対する批判の声が高くなったというだけですよね。それを指して民主主義が勝ったというのはおかしい。逆に、多くの人が望んだ結果にならなかったときに民主主義は終わったと言うのも間違いです。

　アメリカは、イギリスと並んで民主主義の先進国だと自負しています。そのアメリカが疲弊して苦しんでいる。おそらく優秀な人は山のようにいるけど、誰が政治なんかやるものかとみんな思っているのだろう、それだけ国が大変になっているという視点を持ってほしい。

　ドイツのヒトラーが総統になったときの過程も、国会を焼き打ちしたような事件はありますが民主主義的だったことを思えば、民主主義というのはある意味恐ろしいものであり、守っていくためにはメディアの役割がとても大事です。

　結果を見越して操作するために報道するのがメディアの役割という意味ではありません。大切なのは、今起きていることを、きちんとそのまま読者や有権者に伝えられるかどうか。取材している側が、今起きていることはこういうことなんだと納得できる報道ができているのか。

　さらに、なぜメディアがSNSに勝てないのか。SNSはオールドメディアと呼ばれている記事から派生したはずなのに、なぜそちらの方が人々に届くのか、き

ちんと検証できていない。メディアは事実を知りたい人に届けるためにあるという信念が薄れているからかもしれません。おそらくアメリカも今、同じような壁に当たっているのだと思います。大切なのは事実を伝えることであって、メディアの思いや教えたいことを伝える必要はないという、ごくごく当たり前のことが欠けてしまったことが、もしかするとアメリカの現状を生んでいるのかもしれません。

米軍が日本から撤退したら

　ではトランプ政権となるアメリカの状況を、日本としてどう捉えるとよいのでしょうか。私は専門家ではないので、冒頭で申し上げた、小説家の妄想力でトランプをモデルにした登場人物をつくってみようと思いました。まず彼の性格付けをしなければいけません。トランプの性格を分析していくと多分こういうことだと思います。自分勝手で強気ですが、それはコンプレックスの裏返しで、嘘つきで恨みは絶対忘れず、自分に従わない人は全部敵と見なす。目立つこと、極端なことが大好きで中途半端が嫌い。人気が取れること、金もうけできることは何でもやるでしょう。

　こういう登場人物は個性が強く、物語を動かす力を持っているので、小説の中で使うにはものすごく魅力的です。だが現実では最悪です。今回2期目のトランプは、小説家の妄想を超えるような突拍子もないことを本当にやるのではないかと思うぐらい、危ない気がしています。なぜなら、以前は、大統領になったら思ったより楽しいから、もう1期やることを見越して少し遠慮していた。ところが、彼がこの後大統領になることはありません。何をしてもしょせん4年間で、後で困ることはないからです。今回は恐らくやりたいことは何でもやるのではないか。

　では日本にとってどうか。これは妄想だと思って聞いてほしいのですが、米軍を日本から撤退させることもあり得ると思います。でも中国が危険だから、代わりに日本に核兵器を置かせてくださいと言われるかもしれない。その時に日本の政府やメディアは何か言えるでしょうか。日本のメディアは一斉に、核を日本に持ち込むなと言うだろうけど、もともと米軍の基地があった地域の住民から、核

兵器を置く方が中国から襲われる必要がなくなる、基地があるよりましだと言われたときに、それを否定できるでしょうか。現実世界ではそんなことはあり得ないと誰もが言うでしょう。だが小説家はその「あり得ない」を小説にするのが仕事なので、あえてこういう話をしました。ではどう解決するのか。恐らくアメリカがそんなことをしないように、他の国に助けてもらうしかないですよね。日本を取り巻く厄介な国々に、こんなところに核兵器を置かれたら困りませんかと言う。もしくは米軍が撤退したら、中国に日本を守ってもらうよう交渉する。冗談みたいな話ですけど、現実に今、小説家の想像を超えるようなことが次々と起きている。想定外のことにも対応できるように備えていてほしいですが、政治もメディアも多分不十分でしょう。

　そんなことはあり得ないと言う人ほど、思考が停止してしまっている。いろいろな可能性をさまざまな視点で考えなければいけない。混沌の時代になったと認識するべきです。大切なのは、日本がこの世界の中でどう生き抜いていくか。トランプはアメリカ第一主義ですが、それが日本にとっていいのか悪いのか、突き詰めて議論されたことはあまりないと思います。

　もし米軍が撤退したら、その理由は経費かもしれません。それを自分勝手だと非難する人がいるかもしれないが、そもそも独立国家であり、世界屈指の先進国である日本の国土に、なぜアメリカの基地があるのか。日米安全保障条約があるからという答えが返ってくるでしょうが、本来日本の国土は日本が守るべきではないのか。そう考えると、アメリカ第一主義は排他的でダメ、日本が被害に遭うという発想は、日本の勝手と見られる可能性もある。アメリカからすれば、今まで面倒を見てやったのに感謝もしないのか、と思われるかもしれません。

　つまり、どこに視点を置いて物事を見るかによって、今起きているトラブルや、恐らくこれから起きるとんでもないことが意外に無茶な話でもないと分かります。そう考えると、エネルギー問題や、食料問題にしても、高齢社会に伴う移民の問題や外国人労働者の問題にしても、常に日本は自分の立場だけで考えていないでしょうか。あるいは対策を考えているようで中途半端に終わっていないでしょうか。どの問題に対してもバランスよく、鳥の目と虫の目を持ちながら立ち向かっていかなければいけない時が来ています。特にメディアの持つ影響と責任は大きいと思います。

日本の食料自給率は本当に低い？

　食料問題については、日本の食料自給率は低いと言われます。農業や農薬をテーマにした小説を書いたときに、なぜ日本の自給率が低いか専門家に聞いたら「米を基準にしているから。今の日本人は米を食べないでしょ」と。ここにいらっしゃる人は、もしかすると私と世代が近い方たちなので、１日２食ぐらい米を食べるかもしれませんが、１日１食も米を食べない人の方が多くなっています。和食でも、麺類はほとんど小麦ですし、洋食ならほぼ全て主食は小麦です。

　日本の風土からすると、おいしい小麦は今のところ作れないそうです。だから日本は主食の自給率が低くて大変だと言っている。でも問題はそれだけではありません。日本の肉はおいしいと皆さん思っていますが、家畜たちの飼料は、ほぼ全て輸入しています。飼料が手に入らなければ、飼料の値段が上がれば、日本の食料事情は途端に悪くなる。米の自給率だけを見ていたらそうした事実に気付けません。

　国内の問題はすべて世界とつながっていることをどこかで見落としていて、さらに根本的に解決するには、産業のそもそも論をしなければいけないのに、それもできなくなっている。だから、世界情勢を見るときに常に日本の情勢を理解して、日本は世界でどれだけ関わっているかがとても重要になるけど、それがなかなか見えてこない。そういう視点をぜひ頭の片隅において、世界情勢を見ていただければと思います。

日本に及ぼす影響を踏まえた報道を

　海外に行ったとき、新聞やテレビを見て、日本のニュースとだいぶ違うと驚くことがあると思います。アメリカやヨーロッパでは、アジアのニュースがほとんどありません。中国の動向は気にしているので別ですが。例えばアメリカなら南米や中米、カナダのニュースが多く、ヨーロッパではアフリカのニュースをよく見ます。なぜなら、近いからです。メディアは本来、自国に近い国が影響を及ぼすことをよく分かっているので、近い国の情報を一生懸命出すようにします。移民が多いこともありますが。

第1部　基調講演

　それに比べて日本は、世界で最もバランスの良い国際報道をしていると思います。アフリカのどこかで大きな鉄道事故が起きて100人が亡くなれば、延々そのニュースを流し、何なら特派員を出して中継します。亡くなった方には気の毒ですが、日本にとってそれがどういう意味があるのか。でも、事故が起きた列車がJRが輸出したものだとしたら問題です。ニュースは常にその国とひも付けされるはずですが、日本の国際報道は、日本で起きている事件と同じようなニュースバリューで出します。さらに、先入観に非常に毒されています。先入観とは、欧米のメディアが報道していることを踏まえた上で補足しているという意味です。もちろん圧倒的に人数が足りないことがありますし、情報が足りない。とはいえ、何かが起きたときに、行為をした側と行為をされた側、両方の当事者から取材して客観的に報道すべきところ、どうしても一方的になってしまう。つまり、欧米メディアが伝えたことがベースになっています。

　日本と欧米は価値観が同じという前提だからだと思いますが、本当にそうでしょうか。どちらかというと、日本は欧米の価値観を押し付けられてずっと苦しんでいる気がします。もしかすると、中国やインドなどアジアの考え方が日本には近いかもしれない。けど、そういう地域のニュースは少ない。大事故が起きたときだけは地元メディアの報道をそのまま流しますが、日本に関わりがあるとバイアスがかかってしまう。報道されていることの裏に、多くの知られていない事実があるのです。われわれはこの情報をきちんと正しく理解しているのか、目を向ける必要があります。

　情報という漢字は、情に報いると書きます。情報には意思があるのです。それを無視して、これは絶対正しいと伝えてしまうと、どうしてもバランスが悪くなる。国際報道の在り方として多視点と俯瞰、さらに現場の目を持つことも大事なのですが、このニュースが日本にとってどういう意味を持つかということも、常に心の片隅に置いておいてほしいと思います。

　講演は終わります。ありがとうございました。

質疑応答

司会　真山様、ありがとうございました。参加者の皆さまから事前に質問が寄せ

られています。最初の質問です。第3次世界大戦の可能性があると思いますか？ そうなったら世界はどうなりますか？ 人類は滅亡してしまいますか？

真山 第3次世界大戦は起きないと思いたいですね。一つだけわれわれが記憶に残すべきは、冷戦時代には、ずっと緊張感があり、きっと戦争が起き、その時は核戦争になると覚悟していました。世界中に膨大な核兵器があったわけですから。けれど一度も使われないまま終わった。すごいことだと思うのです。これを継続することこそが、現代を生きるわれわれの義務だと思うので、第3次世界大戦は起きないと申し上げたいですし、もし起きたときは、世界が破滅すると思うべきです。

司会 ありがとうございます。続いて2問目です。代表作『ハゲタカ』などの経済小説だけでなく、政治スキャンダルやエネルギー問題といったさまざまな分野を手掛けておられますが、どうやって小説の題材を見つけるのでしょうか。また、大変リアリティーがありますが、ご自身は危険な目に遭ったことはありませんか。

真山 小説の題材は、日常の中で新聞を読んだり、電車に乗って中吊り広告を見たり、食事したりお酒を飲んだりしている会話の中で、自分が、あれ？ と違和感を持つところから始まります。一度違和感を持つと、次に同じような話が出たときに、またあれ？ と思うんですよね。なんでこんな話題が何回も、いろいろなところで出てくるのか、ちょっと調べてみようかと。すると、見過ごされているけどこれは将来問題になると予想できることだったりするので、さらに関係する資料や専門書を読みながら小説のテーマとして固めていきます。

　さらに私は、今起きていることによって未来がどうなるか見せることで、別の選択肢があるのではないかと提示したくて小説を書いています。そういう伝えたいテーマをたくさん持ちながら情報をためていき、コップがいっぱいになったと感じたら、その時が書き時です。1本書くのに3、4年時間がかかるので、瞬発的にネタが決まって書くことはありません。

　身の危険に関しては、取材していて感じたことはありませんが、中国をテーマ

第1部　基調講演

にした小説を2本書きまして、警察関係者の人からはもう中国には行かない方が
いいと言われました。そう言われると行きたくなりますが、行かない方が安全か
なとは自分でも感じています。現場に行けないぶんは想像力を働かせて、なんと
かカバーしたいと思います。

司会　真山様、本当にありがとうございました。

第2部 パネルディスカッション

分断国家・米国と シン国際秩序
~メディアは混迷する世界情勢をどう報じるか~

パネリスト

前嶋和弘
上智大学教授

東野篤子
筑波大学教授

柯 隆
東京財団政策研究所主席研究員

コーディネーター

杉田弘毅
共同通信客員論説委員

パネルディスカッション

分断国家・米国とシン国際秩序
～メディアは混迷する世界情勢をどう報じるか～

1. プレゼンテーション

杉田　本日のパネリストは、いずれもそれぞれの分野でまさに日本の第一人者、最先端の研究をされている先生方です。まずはこの3人の先生方からプレゼンテーションをいただいて、その後、質疑応答に移りたいと思います。

　2024年11月5日の米大統領選挙の結果はどう評価すべきであり、その結果これから世界はどうなっていくのか。トランプ政権の下、アメリカがどういう方向に進むのか。目下の最大の焦点ともいえるウクライナ戦争が来年どうなるのか。さらに米中関係、日中関係がどうなっていくのか。まさにホットトピックスばかりを扱うパネルディスカッションで、大変貴重な機会になると思います。それではまずは前嶋さんから、プレゼンテーションをよろしくお願いします。

「トランプ圧勝」ではない

前嶋　ご紹介ありがとうございます。まずは「分断国家・米国とシン国際秩序」、このタイトルの中で、今日はアメリカの分断について、メディアの話も含めながらしたいと思います。

　24年の米大統領選挙をめぐるスナップショットを三つ（図1）。今アメリカには二つのかつてないことが起こっています。一つは、未曽有の分断です。民主党支持者と共和党支持者はいずれも国民の3割ですが、民主党支持者のバイデン大

杉田弘毅氏

前嶋和弘氏

統領の支持率は8割5分、「バイデンはよくやっている」と思っている。一方で共和党支持者の支持率は1桁以下で6とか4。無能な男と共和党側は見ている。もう一つは未曾有の拮抗。改選前の現在、議会上院を見てみると、民主党勢力51対共和党49。どっちでもいいような話です。

これが去年から今年にかけて。その前のバイデン政権のスタートの時は50対50だった。ハリス副大統領が形の上では上院議長なので、外遊できなかったわけです。議会に張り付いてないといけなかった。

下院を見ると、やはり10議席以内の差。こんなに競っているのを見たことがない。50対50って、2001年のとき半年ぐらいありましたがもう常態化していて、分断しながら拮抗している。だから、ちょうど今がそうですが、下院の多数派は辛うじて共和党、上院の多数派は辛うじて民主党で、政治は動かない。全く動かない2年間。法案成立数で史上最低議会が続いています。

あと、国民の中の閉塞状況。コロナとインフレがありました。インフレは終わっていますが、値段は高く止まった形です。経済的格差がある。グローバル化、自由貿易というのはアメリカの中で悪魔の言葉になってしまってい

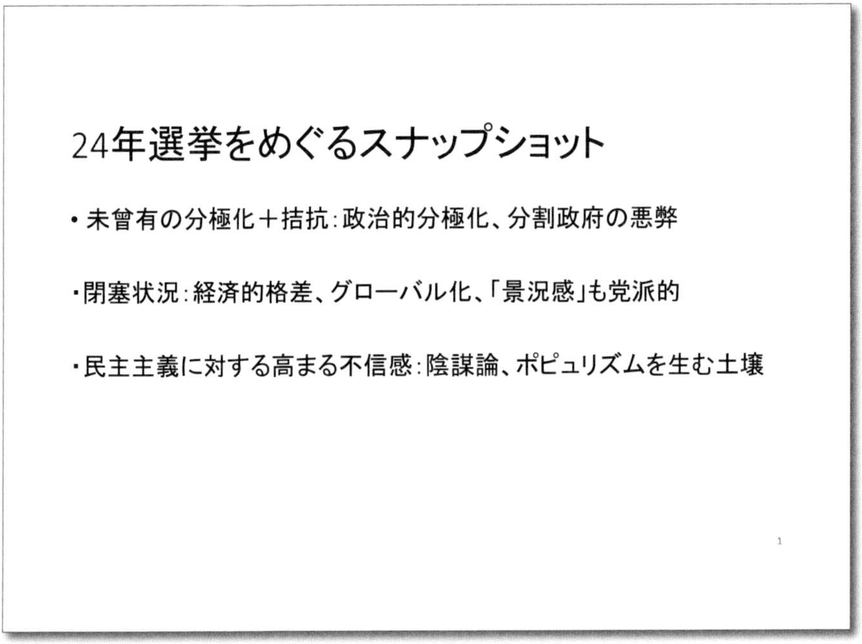

24年選挙をめぐるスナップショット

- **未曾有の分極化＋拮抗**：政治的分極化、分割政府の悪弊

- **閉塞状況**：経済的格差、グローバル化、「景況感」も党派的

- **民主主義に対する高まる不信感**：陰謀論、ポピュリズムを生む土壌

図1

す。アメリカの雇用が外に出ていく、損すると。実際にはそうではないのですが。景況感、今景気が良いか悪いかという判断も党派的だったりする。そもそも民主主義は自分たちの意見とは異なる意見を聞かないといけないという話になっている。真山さんの話でいくと、これは民主主義の選挙ですよ。ただ、それが納得できない選挙ではあったと思います。

　ここでメディアの方々に強く、一つだけ申し上げたいことがございます。トランプ、全然圧勝ではありません（**図2**）。私はこの話をいろいろな所でしているのですが、まだ全部集計は終わっていませんが、一般投票の差が1.5％差。今世紀最も競った選挙です。

　1948年から20回の大統領選挙がありましたが、その中で4番目に競っています。ですので、トランプは自分で圧勝と言った。ランドスライドだ、地滑り的な勝利だと言ったけど、メディアはそれをそのまま流してはいけないわけです。あとはマンデート、国民からの信託があったかと言うと、ないですよね。例えば、2008年のオバマの時が7.2ポイント差、あるいは1996年のクリントンの時は8.5ポ

第 2 部　パネルディスカッション

トランプの勝因、ハリスの敗因

- 「ほぼ同点」で推移、ありうる結果。得票率はトランプ50.0%、ハリス48.4%と超僅差。前回は4.5ポイント差でバイデン勝利）。7.2ポイント差の08年オバマも8.5ポイント差の96年クリントンも「圧勝（landslide）」と言わず。ケネディの支援分？上積み
- トランプ効果が期待された下院の共和党議席増も望めず（共220-221、民214-215と民主党の議席増）。上院は改選から共和党多数派奪還不可避「過剰な解釈」は避けるべき。続く分断
- GAとPAの選挙管理の「勝利」：「トランプ圧勝」イメージ
- 出口調査から：「前の選挙より白人が増加」は92年以降初めて、強いジェンダーギャップ、人種マイノリティのハリス離れ、所得の謎、「政党再編成」の胎動？
- ハリスの「弱点」とトランプの「分断」：「バイデンフレーション」「女の大統領」「ハリスは急に黒人になった」「ペットを食べる不法移民」
- 戦略ミス？：「民主主義を守る」というメッセージ。禅譲がなかったら。「ドブス判決」争点化の賞味期限。そもそも禅譲が遅れた責任論

図2

　イント差、どちらも国民からの信託はなかったと議論になりました。トランプは自分であったと言っているので、すごいですね。アメリカの地図で見たら、面積が大きいけど人口が少ない州で取るので共和党が圧勝に見えますが、それは違うわけです。そもそも今回圧勝だったら、バイデンは前回4.5ポイント差で勝ったので、3倍圧勝です。そうじゃないでしょ。だから、これはやっぱり圧勝とトランプが言うことを垂れ流しすぎている。

　さらに、和製英語で言うところのトリプルレッド、政治学で言うユニファイド・ガバメント、統一政府。上院で共和党が勝つのは改選が民主党側に偏っていたため、2年前から分かっていましたが、その通りだった。改選後、共和党は53議席になりましたが、常に反対する2人の議員がいるので、実質51みたいなものです。さらに上院にはフィリバスター（合法的議事妨害）という、41票あれば59票を止めることができる制度がある。今回の改選で民主党は47議席。人事以外はいつでも止めることはできるわけです。人事は民主党側が10年ぐらい前に例外を作ったので。私が今回一番驚いたのは下院の選挙で、トランプが勝ったわけです

34

よね。大統領がコートテールと言って、パッと最低でも10議席ぐらい連れてくるわけです。下手すると30議席ぐらい。マイナスですから。共和党は議席が減っているんですよ。民主党がプラス、今のところ１、もしかしたら２になる。今日時点でプラス。まだ終わっていませんが、カリフォルニア13選挙区があと１、民主党がリードしています。だから、え？　という常識外れの選挙です。トランプという稀有なキャラクターでとりあえず勝ったけど、薄い薄いレッドです。なのでわれわれは絶対に過剰に解釈してはいけない。リベラルだから負けた？　保守だから勝ったのですか？　という話です。「もうトランプの時代」だというのは嘘です。

　次の2026年の中間選挙は、今度は共和党側が不利です。上院は34議席改選中、21議席が共和党。ちなみに今回は34議席改選中、23議席が民主党。だから民主党側不利、次は共和党側が不利になる。ひっくり返る可能性がある。それよりも下院の２年目の選挙は大統領にとって魔の２年目として知られています。だいたい20、30議席は野党が増える。そうするとトランプはレームダック一直線です。そうならないように、まずこの２年で圧倒的な成果を挙げる。それが見えているから、ものすごくよく動いている。これは間違いありません。

　これもメディアがなぜ取り上げられないのかと、私ばかり言っているかもしれませんが、今回の米大統領選挙で誰が勝ったのか。選挙管理の勝利です。ジョージアとペンシルベニア、とても早く終わりました。トランプが圧勝したわけではありません。莫大なお金をかけて、人を雇って、機械（投票機）を新しくした。期日前投票、郵便投票は半分以上なので、機械を新しくすれば、かなり早く終わります。ペンシルベニアは以前は４日半かかったのが、今回はすぐ終わった。命懸けでやっていたわけです。2021年１月６日の議会襲撃のようなことが起きてはいけないから、防弾チョッキを着ながら、あるいは鉄格子の中や防弾ガラスの中で作業をしていました。今回ものすごく予算をつけました。

　ジョージアは州法も変えました。２日以内に全部結果を出すと。これがトランプ勝利というイメージをつくった。メディアが検証すればめちゃくちゃ面白いと思うのですが、誰もやらない、私ぐらいしか言ってないのかもしれません。それは置いて、でもトランプは激戦州で勝った。世論調査の通りなんです。激戦州が重要で、そこは出し抜いたわけです。

第2部　パネルディスカッション

　もちろん、実はペンシルベニア、ウィスコンシン、ミシガンの三つで全部合わせて1ポイント取っていたらハリスが勝っていた。そういう選挙なんですが、でもこの七つでトランプが全部勝った。これはやっぱり大きい。なぜそうなのか。白人が多く投票したから、男性が13ポイントも、男性と白人で勝ったとか、黒人とヒスパニックを分断したとか、そういう話は、今日は時間がないので省きます。

新政権が急ぐ理由

　今後のトランプ政権の方向性について（**図3**）。急ぐ、徹底的に急ぐ。まず今が勝負、100日戦略と。例えば関税の問題は、トランプの支持層が喜ぶとはなかなか思えないですね。今回の選挙では、結構貧しい方がトランプに入れていた。これは政治学から見ると驚愕で、政党再編成かと。減税と規制緩和なので、貧しい方が共和党に入れるのは、自分にとってはマイナスなわけです。逆に、民主党の方が所得再分配なので、お金持ちの人たちが入れるのはおかしいのですが、でもそういう結果に今年はなっている。

　トランプとしては減税、規制緩和。まず金融業界と一緒に、財務長官の人事を見ればそうですけど、金融業界と減税と規制緩和だと言いながら、関税を上げる。この関税はディールのためのツールですが、もし実行された場合誰が一番損するかというと、やっぱり物が高くなって一番苦しむのはお金がない人たち。お金がある人は、中国産の何かを買っても全然大したことない。食料の値段が上がったら、お金持ちはあまり痛くないけど、お金がない人は痛い。だからまず自分の支持層が固まっているうちに徹底的に急ぐ。100日戦略というのは、アメリカ国民がまとまっているのではなくて、自分の支持層が固まっている間にという感じかと思います。

　なぜ分断が進んだのか、一言で言います（**図4**）。南部が強くなったからです。保守の南部民主党（サザンデモクラット）が共和党になり、そして南部がどんどん産業的に強くなり、目覚ましい発展を続けました。「ディープサウス」が「サンベルト」に変わった人口比に沿った下院議席の見直しで、政治的にも強くなった。下院議員の変化は大統領選挙人の数に直結します。

今後のトランプ政権の方向性

- 1期目で達成できなかった政策に取り組む
- 不法移民の強制退去や関税引き上げなど、大統領権限でできることから着手し、統一政府の議会共和党側との連携
- 全国民の大統領にはならず、片方の世論だけを重視して動くことになる。米国の分断はさらに深まり、同盟国日本にも大きな影響を与え、難しいかじ取りを迫られることになる
- 26年中間選挙では上院で共和党が劣勢の可能性：2年間が勝負、100日戦略
- 外交の理念：国際秩序、法の支配ではなく「アメリカファースト」

図3

なぜ分極化が進んだのか

- 政治的分極化（political polarization）：保守層とリベラル層の立ち位置が離れていくだけでなく、それぞれの層内での結束（イデオロギー的な凝集性）が次第に強くなっている。政治家も国民世論が保守とリベラルという2つのイデオロギーの極（polar）で分かれていく現象
- 保守層はますます共和党支持になり、リベラル層は民主党支持で一枚岩的に結束していく状況。「2つのアメリカ化」現象でもある。政治的分極化現象はここ50年間で徐々に、そしてここ20年で加速
- 50年ほど前から：公民権運動、妊娠中絶合法化で南部諸州の不満、南部の共和党化、産業構造の変化（北部から南部）、人口増、共和党穏健派、リベラル派の衰退。政党再編成（南部、中西部は共、西部、北東部は民）
- 長いリベラル優位の時代の終焉と「拮抗」の時代に：1994年中間選挙（共が下院で48年ぶりに多数派奪還）、その後、民と共ほぼ互角の時代に
- この20年間：テロとの戦いによる疲弊、中間層の没落、中国・インドの経済的台頭（中間層の雇用流出）、豊かになる富裕層、移民流入（経済発展の基盤だが、警戒する声も）、中国の軍拡。SNSが生みだす分断

図4

米メディアの分断と信頼度低下

　残りの時間でアメリカのメディア危機の話をします。先ほど基調講演で真山さんが話されたのは「知りたいことを伝えることが重要」という原点に戻る話でした（**図5**）。アメリカのメディアの問題は、「知りたいことをゆがめて、知りたいように伝えている。聞きたいことを聞きたいように流している」こと。その結果、国民の分断の中、「こうやったらみんな見てくれるぞ、聞いてくれるぞ」ということでメディアも分断して偏った情報を報じるようになった。

　最初は保守メディアでした。「ラッシュ・リンボー・ショー」というラジオから始まった。これはメディアというより平日3時間のタカ派右翼ショーです。とてもはやった。ならばこのモデルでと、次はFOXニュース、だいぶ遅れて左の方も同じように偏った方の情報を流し出した。アメリカにおけるメディアの危機というのは、真実が分からなくなるように伝えてしまっている。保守には保守用のマーケティング、左派は左派用のマーケティングになっている。

　メディアの信頼が当然落ちます。どちらかというと、特に共和党、保守がメディアを信頼していません。ほぼ10％以下です（**図6**）。すごいですね。情報を信じていない。

　ただ「Do you trust the media?」と曖昧な質問をするとこうなるんですね。この同じ質問をウォーターゲート事件の時からずっとやっています。民主党がちょっと上がってまた下がったりしたのですが、いずれにしても、メディアの信頼度もすごく分かれている。

　最近はこういう調査ではなくて、例えば「ABCナイトリーニュース」や「CBSイブニングニュース」、FOX Newsの「ハニティー」をどう思うかという調査になっています。例えばCNNに対しても、右と左で評価が分かれますが一つだけ分かれないメディアがあります。ウェザーチャンネル、天気の話ですね。ただ共和党側は、それも信じている人が半分以下です。なぜか。気候変動のことを取り上げるから。気候変動なんか嘘だと思っていると。天気ですら信じられないのがアメリカの状況です。

分断国家・米国とシン国際秩序

アメリカ的「メディアの危機」

- 権威主義的国家(独裁国家)における「メディアの危機」：軍事政権や経済エリートなどの支配階級が情報を独占し、メディアは権力の一部に。
- アメリカの「メディアの危機」：世論という「市場」に合わせて、政治情報をマーケティングしていった。これがアメリカ型の「メディアの危機」。むしろ政府から「自由」であるがために、起こってしまった悲劇。真実は一つであるはずなのに、メディア自身も分極化し、保守向けの政治情報、リベラル派向けの政治情報が提供されるようになってしまっている。
- 歪んだ鏡：1990年代からの保守派のトークラジオ(ラッシュ・リンボウら)、96年設立のFOXNEWS、MSNBC(2004年あたりから)、CNN(2016年ごろから)、
- 地に落ちたメディアへの信頼

図5

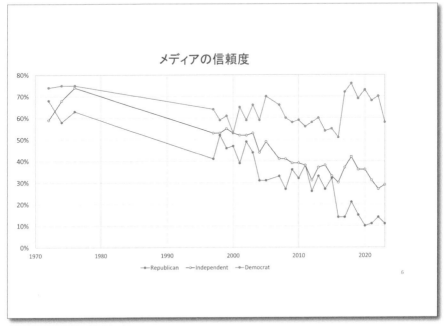

図6

アメリカ人は「SDGsって何？」

杉田　私は、このパネルディスカッションに前嶋さんと東野さんと柯隆さんが来られると聞き、大変うれしく思いました。お三方とも明確な発言をされます。前嶋さんは今日、トランプの圧勝ではないという見方を示して、いろいろな数字を挙げ、データを基にご説明いただいた。なんとなく世の中はトランプの圧勝という認識を持ち、なぜ接戦との事前予想が外れたんだとよく言われるわけですが、前嶋さんはそういう流れに迎合せずに、データを元に話されていることに非常に感銘を受けました。

　私から一つ質問させてください。前嶋さんは2022年10月に『キャンセルカルチャー』という素晴らしい本を出版されて、アメリカの中で、文化的な価値観をめぐる分断が激しく進んでいるという話を展開されています。トランスジェンダーにどう対応すべきかなど、いろいろなカルチャー・ウォー（文化戦争）が起きていますが、その行方をどのようにお考えですか。

前嶋　今回アメリカは二つの点での分断なんですね。一つが経済、もう一つが文化の分断。経済は、先ほど言ったように意外とトランプが貧しい人を取っていたりする。一方、文化の分断は広がる一方です。アメリカの文化の中心はキリスト教的な文化。多様性、男と女とは別に LGBTQ（性的少数者）、人工妊娠中絶を問題視する見方がこの文化の根本にある。

　これに関して、「キャンセルカルチャー」という言葉は、「リベラル側がこれまでのキリスト教の文化、保守文化をキャンセルすることは許せない」という保守側の言葉です。著名な実業家イーロン・マスク氏は「キャンセルカルチャーはようやくキャンセルできたぜ」とツイートしていました。トランプ氏が勝ち、保守側はそう思うでしょうが、わずか1.5％差です。48.4％の人たちはそう思っていない。「多様性は重要だよ。気候変動問題は大切だよ」と、日本人がグローバルイシューだと思っていることはリベラル派には引き続き重要であることは変わりません。

　一方、私はよくこの話をするのですが、アメリカで SDGs という言葉はほぼ誰も知らない。人口の１％が知っていたら御の字です。日本だと、中学・高校の教

科書にも出てくる。私は大学入試の問題を作るために、高校と中学の教科書を全部読んでいますが、どこでも出ています。だけどアメリカでは知っている人が少ない。

　ある共和党の州知事と、日本のビジネスマンでSDGsのバッジを着けている方と一緒になったことがあります。そして「そのカラフルなバッジは何だい」とその知事が言うわけですね。私が「これはSDGsです」と説明すると、「何だそのSDなんとかというのは？」と聞かれるので「サステナブル・ディベロップメント・ゴールズです、気候変動対策とか、人種平等、ジェンダー平等とか」と言うと、だんだん顔が暗くなって怒ってくるわけですね。「気に食わないね。俺はそれと戦ってきているんだよ」と。最後にウインクして、「次から共和党の関係者と会うときには、そのバッジを外してきてね」とニコッと笑ったけど、その顔は引きつっておりました。皆さま方、外して会ってください。ただ一方で、当然でしょと思っている人たちもいっぱいいる。だから相手を見て、バッジ着けるか着けないか考えてください（笑）。

　何を言いたいのかというと、今回の選挙はマスク氏がまさに争点でした。マスク氏はトランプ氏の文化戦争の一番の歩兵であり、切り込み隊長だった。彼のさまざまな言動は、女性蔑視など多様性をつぶそうとするもので、それが保守にはすごく受けた。ただリベラル層からの反発は強く、いずれにしても文化戦争は続きます。

ウクライナの領土とNATO加盟、欧州の支援意思

杉田　それでは東野さん、どうぞよろしくお願いいたします。

東野　ただいまご紹介にあずかりました、筑波大学の東野です。本日はこのような機会をいただきまして誠にありがとうございます。大変光栄です。今回私は、ヨーロッパが見たロシアによるウクライナ侵略ということで、ロシアの視点もウクライナの視点も大事ですが、ヨーロッパを軸に話したいと思います。

　お話ししたいことが5点ございます。まず、ウクライナの北大西洋条約機構（NATO）加盟は、果たして領土と引き換えなのか。ウクライナはNATOに加

東野篤子氏

盟するためには領土を諦めなければならないのか。これは現実問題とウクライナの願望を分けて理解しなければなりません。2番目はヨーロッパに支援の意思はあるのか、能力はあるのか。意思と能力を分けて分析することが大変大事です。3番目、先ほど前嶋さんから大変重厚なトランプ政権成立の影響のお話を伺いましたが、私からウクライナに限って話したいと思います。4番目、私はこれをもっと日本のメディアに報じていただきたいのですが、ウクライナが今大変な思いをしています。特に冬が越せるのか、これが大変重要な問題です。最後は、日本から見ているこのニュースが、東アジアにどのような影響を与えるのか。東アジアがどのように関わっているのかは、大変大事だと思っています。その中で中国のロシア支援と北朝鮮のロシアへの参戦がどう影響するのかについても話したいと思います。

　まず、こちらが共同通信さんのスクープで、ゼレンスキー・ウクライナ大統領に単独会見、インタビューをしたということです（図1）。純粋に素晴らしいことだと思っています。記事のタイトルは武力での奪還は困難だと書かれている。共同通信さんのゼレンスキー関係の記事がいくつかありますが、一部のロシアの占領地は外交で回復すると言っているということです。ただ、私もその共同通信さんの書き起こしが入手できているわけではありませんので、ニュースを全部総合して、かつ本当に時間差で出されたスカイニュースの記事と併せて拝見していると、どうも領土の話とか外交で回復とか、そのへんがメインではないのではないかと思っております。

　スカイニュースでも共同通信さんの単独会見でも伝えたかったことは、一にも二にも、NATOの加盟を諦めることは絶対にあり得ないということだったのではないでしょうか。つまり、NATOには絶対に入りたい。トランプ政権におい

図1

て、NATO の加盟を諦めさせる代わりに停戦といった、ウクライナには何の得もないような案が一部で出ているとも聞いていますが、それに対するけん制球だと思うのです。

　そして NATO への加盟は領土と引き換えではないということです。NATO にはウクライナ全体として、つまり1991年のウクライナが独立した時点での領土丸ごとを NATO の招請の対象としてもらいたい、その後で外交で回復したいと言っているわけです。なので、武力の奪還は困難だと認めたとか、武力の奪還ができないことになったとか、領土をいよいよ諦めることになったということが他社記事のヘッドラインになっていますが、おそらくそれはウクライナはそろそろ諦めるのではないかという思い込みがタイトルに投影されてしまっている、あまりよろしくない例なのではないかと思います。

　2番目、ヨーロッパの支援意思と能力についてですが、意思という面に関しては、非常に強い意思が示されていると思っています。あまり報じられていませんが、実は12月1日付でヨーロッパ、EU の体制が一新しました（図2）。フォン

2. ヨーロッパの「支援意志」と「能力」は

図2

　デアライエン委員長は変わりませんが、日本の外務大臣にあたる外交担当、それから欧州理事会というEUのサミットに当たるものの議長と、それからEUの拡大の担当。このお三方が一新されています。この写真は12月1日に撮られたものです。

　つまりこの人たちは、11月30日のうちにブリュッセルを出発して、彼らの就任初日の12月1日にキーウに到着して、ウクライナに対してどのような支援をしていくのかを伝えに来たということで、これ以上はっきりとした支援意思の継続は、なかなか表明できないのではないかと思っています。

　ドイツも、ショルツ首相がちょっと遅れてキーウに入ったのですが、ここに書いてあるように、650ミリオン、つまり6億5000万ユーロの支援を約束しています。なかなかの金額です。ドイツはやらないとか、まだ布団から出てこないとか、いろいろ言われますが、金額的にも、それから兵器の支援でも、ヨーロッパで断トツ1位ではあります。その姿勢自体は変わらない。では何が変わるのかというと、今一番問題になっているタウルスという名前の長射程兵器の提供です。これはロシアのエスカレーションを招いてしまうので、なかなか出すことができ

ないけど、額、それから長射程以外の兵器ともに、ドイツは非常に多く貢献しています。

　ただ、ドイツ自体も認めるように、何をやってもどうやってもドイツは十分ではないと言われますし、確かにドイツの支援額は GDP 比で見るとさほど高いものではない。GDP 比では例えば北欧・東欧諸国の方が高い。ただ額でいうとドイツの役割は突出しています。

　よく聞かれるのは、ではアメリカが、トランプ政権が支援をやめたら、どうなるのか。まず、やめたらという前提自体を、ちょっと捨てていただく必要があると思います。

　つまり、やめない。無償では出さないが、有償だったら出しますよと言っているわけですね。なので、有償でウクライナに提供できる機会があるのならば、それをみすみすトランプ政権はやめないと思います。

　では有償を誰が払うのかということですが、それに関してはロシアによる、ロシアの凍結資産から出てくる利益を運用する合意が G 7 でもできていますので、それで全部ではないにしろ、ある程度は賄えるということです。トランプが支援をやめたらどうなるのかという質問が、ない想定を無理やり作っている部分がなきにしもあらずと思います。

懸念されるトランプ新政権のサイン

　トランプ政権の話をしているので続けますが、大統領選が終わった後、私もいろいろなメディアでお話ししたのは、私のウクライナ側の友人たちは、ようやくこれで優柔不断のバイデン政権が終了したと（図 3）。自分たちに対して、例えばロシアの侵攻が始まる前までは、「小規模な侵攻であれば NATO は動かないだろう」と言ってみたり、あるいは長射程兵器の制限をいつまでも解除してくれなかったり、解除したと思ったら非常に限定的だったりということですね。

　なので、バイデン政権に対する落胆はウクライナで非常に強いのですが、トランプが新しいことをやってくれる期待が非常に高いかというと、その期待は大統領選の後からどんどん落ちてきています。

　それはトランプ政権の布陣を見ると、ウクライナに対して強い支援の意思を示

3. トランプ政権成立の影響は

図3

すべきとか、アメリカはロシアに負けるわけにはいかないからしっかりウクライナを支援しようとか、ウクライナが聞きたい言葉を言ってくれる人がトランプの周りにいないということです。その中で唯一いいニュースとして報じられたのは、このBBCの記事にあるように、ケロッグさんという人が特使に任命されたと。特使を任命するぐらいだから非常に真面目にやるのではないかということですが、ウクライナでは若干見方が分かれています。

　確かに、特使を任命するということは良いサインに違いないという見方と、いやこれは特使を任命してものすごいスピードでこの問題を片付ける、つまりウクライナが妥協的な結論をのまなければならないような形で、非常に速いスピードで片付けてしまい、あとは中国に注力したいと思っているのではないかという疑念が出てきています。なので、特使が出てきたことは非常にいいニュースのように見えますが、それにはやはり期待だけではなく心配があります。

深刻化する越冬能力

　ウクライナは冬を越せるのか、これについても、ぜひ日本語メディアでもう少しカバーしていただきたいところですが、私はこの点について大変大きな懸念を持っています（**図4**）。ウクライナにとって極めて厳しい冬になるかと思います。というのは侵攻が始まった2022年の冬から23年にかけては、そこそこの暖冬でした。なのでエネルギーインフラが攻撃されても、なんとか耐えることはできた。

　23年の冬から24年の春にかけては、エネルギーインフラがあまり激しく攻撃されていなかったので、これもなんとか耐えることができた。ところが24年に入るとロシアがエネルギーインフラに対して、冬が明けないうち、春から夏までの時期にかけて徹底的に攻撃しました。お見せしている国際原子力機関（IAEA）の報告書やレポート、実はこのウクライナズエナジーセキュリティーと大きな太字で書いてある記事は9月に出されたものですが、この時点で今年の冬、あるいは来年の冬にウクライナで深刻な電力不足が起きるだろうと予測しています。

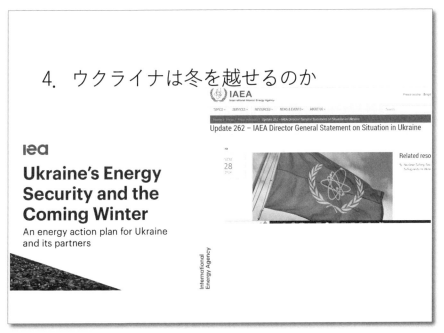

図4

これはウクライナ人の肌感覚とも大いに合致しています。個人的なエピソードを申し上げると、今年6月にウクライナから研究者の友人が5、6人来まして、私は日本の国会議員の皆さんと引き合わせるなど、彼女たちの手伝いをしました。どこに行っても「今年の私たちの冬はものすごく厳しくなるから、どうか越冬支援をお願いします」と言っているのです。今から数カ月前の、6月の時点で。

そして8月以降、9月、10月と実はロシアのミサイル攻撃は抑制気味で、11月以降から激しくなってきました。これはウクライナが厳しい冬を迎えたそのタイミングで、エネルギーインフラを攻撃することによって、ウクライナの越冬能力を削ぐ意図があると指摘されています。6月の時点でも厳しいことが分かっている。IAEAの9月のレポートで大変厳しいと言われている、それにさらに上乗せして、今のミサイル攻撃はウクライナの越冬能力を激しく割いています。

越冬支援は日本にも他の国にも関係することですが、手を抜いてはいけないということだと思います。

中国と北朝鮮のロシア支援

最後に、中国のロシア支援や北朝鮮の参戦の影響について（図5）（図6）。例えば、中国が制裁逃れをしているとヨーロッパ諸国から責められて、いやそんなことはしていない、言いがかりだと言っていましたが、例えばサウス・チャイナ・モーニング・ポストの記事によると、新疆で中国がドローンを作ってそれをロシアに売りさばいていると。また、ウォール・ストリート・ジャーナルの日本語版では、中国は制裁の回避をロシアがどのようにやるのか学び、省庁を超えたワーキンググループを作って毎月、共産党の中央部にレポートを上げている。あるいはその制裁に関してどのように逃れるのかに関する報告書が多数出ていると言われています。

なので、ここでロシアが侵略の果実を手にする形で勝利して、ロシアが勝ちました、ウクライナは領土を失って残念でしたね、しかし国際政治の現実はこういうものですよと受け入れてしまうと、それを誰が見ているのか。そこで学んだことを誰が今後どのように使おうとしているのかを、われわれはきちんと見ていか

5. 「中国のロシア支援」と「北朝鮮参戦」の影響は

図5

図6

なければならない。

　それからウクライナの戦争に対して、ロシアと北朝鮮が一緒に戦っているということですが、ヨーロッパの見方からすると、冷戦時代のロシア・北朝鮮関係に戻りつつあるということです。

　最近結ばれたパートナーシップ条約をはじめとして、必ずしも北朝鮮とロシアが友好とか価値観で結ばれているわけではありません。しかし便宜上、この2カ国が同盟をきちんと組んで、ウクライナと戦い、西側を敵に回すことに双方が強いメリットを感じていると思います。

　ヨーロッパ側の専門家の分析によると、例えば北朝鮮が4年間、ロシアあるいはウクライナで戦闘経験を積んでしまった場合に、相当の戦闘能力を身に付けて北朝鮮に帰ることができるということです。何万人になるのかは今のところ分かりませんが、4万人だとか、ゼレンスキー大統領によると10万人だとか言われています。10万人は盛りすぎなのかなと思いますが、仮に多くの北朝鮮の兵士がウクライナの戦争に投入されて、そしてその一部が実戦経験を持ち帰った場合、われわれ東アジアの住民としてそれをどのように受け止めるのかは、残念ながら見続けていかなければならないと考えています。私の話はいったんここで終わります。

杉田　非常に鮮明な、明確なプレゼンテーションをありがとうございました。東野さんは先ほど、ウクライナから訪問客を受け入れて、国会議員と面会されたと話されていました。控え室で伺ったら、この夏もヨーロッパに長期滞在されて、現地でいろいろなリサーチをされたということで、先ほどの真山さんの話ではありませんが、俯瞰した見方と、現場もきちんと見て分析された上での非常に力強い、よく分かるプレゼンテーションでした。

　私から一つ質問なのですが、ロシア・ウクライナ戦争では、停戦の方向ということでメディア報道が始まっています。トランプ次期大統領もそういう期待を募らせる発言をしているし、ヨーロッパも支援疲れのようなものがあるのではないかと言われます。肝心のプーチン大統領は何を考えているのかというのがよく分かりません。これは東野さんの専門とは少し違うかもしれませんが、肝心のあの人は今どういう心境なのか、何か示唆できるものはありますか。

プーチン大統領の思惑は？

東野 ありがとうございます。私もプーチン大統領の頭の中をのぞきたいと何度願ったか分かりませんが、今回、正確な回答を申し上げる自信はあまりありません。

ただ、われわれのように特に安全保障をやっている研究者は、何をしなければいけないのかというと、最悪を想定することだと思います。

この停戦に関して、私はプーチン大統領の外交能力とか、もっと言うと国際社会を欺く能力を考えるときに、一番悪いシナリオは何かといつも考えます。それは、トランプ大統領が出してくる、非常にウクライナにとっては不利な、しかしロシアにとっても一見のみにくい停戦案を、のんだふりをして数年後に再侵攻することです。

例えば、トランプ大統領周りから出ていると言われる停戦案は、NATO の加盟も諦めさせるが、ウクライナに対する武器支援も諦めさせると。もしこれでダメだったら NATO の加盟を進めたり、もっと武器支援をしたりという二段構えでいくという内容が流れてまいりました。あくまでもメディアベースです。ただその場合、プーチン大統領としたら、より良いオプションは NATO の加盟を諦めさせる、そして武器支援もさせないことだと思うんですね。NATO 加盟を棚上げにさせる、そして周りの国々に、ウクライナは今まで停戦の交渉に応じてこなかったが、自分たちこそ前向きだから、ウクライナに対する兵器支援をやめてくれたら、自分たちもより真面目に停戦すると言っていくと、一部の国はそれに乗るかもしれない。停戦のためだから仕方がないと言って兵器支援をやめると。するとウクライナは NATO には入れない、兵器の支援も受けられないという丸裸の状況になって停戦を受け入れなければならない。そして数年待ち、ウクライナは NATO にまだ入れていない、そして戦争状態にあるわけではないから兵器の支援もしていないといったときに再侵攻すると、ロシアにとっては大変都合が良いのではないか。

ロシアの言う停戦なるものが、ロシアに不利な内容で行われるわけがありません。今回、もしかしてロシアが不利な内容をのまされるような停戦があるかもしれないけれど、常に次の段階があることをわれわれは考えておかなければならな

いと思います。

繰り返しになりますが、ウクライナの方々の正直な見解は「われわれはロシアに対してナイーブすぎた、ウクライナ人自体もナイーブすぎた。約束を守ると思っていたらやっぱり守らないんだ」ということですよね。やはりここは、ウクライナ人の歴史感覚に、もう少し真摯に耳を傾けなければならないと私は考えています。

減速する中国経済

杉田 分かりました。それでは柯隆さん、どうぞ中国の今の現状、今後、そして米中関係はどうなるか、お話をお願いします。

柯 はい、ありがとうございます。ただいまご紹介いただいた柯です。先ほどから杉田さんが繰り返し、われわれ3人のスピーカーが、いずれも明確な発言をしていると言われましたが、私に限っては明確な発言はできません。自分を守らなきゃいけないわけですから、少しご了承いただければと思います（笑）。

僕は中国生まれ、中国育ちですが、最後に中国に帰ったのは2019年12月です。真山さんは日本の警察関係者から中国に行くなと注意されているけれども、僕は誰にも注意されていないので、行くことは行けると思います。中国のパスポートを持っているので。ビザも要りません。ただ、日本に戻れるかどうか。恐らく戻れると思いますけれども、戻れたら今度また大変なんです。なぜかというと、みんな行くのが怖いのに、あなたはどうして行って、そして順

柯隆氏

調に帰ってきたのかといろいろ疑われる可能性があるわけです（笑）。いろいろな意味で、今は激動の時代だから、じっとしておいた方がいいと思っています。

　今日は皆さまに問題提起をさせていただきたいのは、三つ。一つは2人の先生が先ほどからずっとおっしゃっていた不確実性の時代。もう一つは、今の中国国内の問題。内憂外患、いろいろな問題が起きています。最後に中国の外交がこれからどう変わっていくかという話をしたいと思います。

　これが中国の改革開放が始まって以来の経済成長率です（**図1**）。時々皆さんから、中国の統計は信用できるのかと意地悪なご質問を頂きます。僕はここで罠にはまって信用できないと言ったら危ない（笑）。去年亡くなられた李克強前首相は彼自身が信用していなくて、李克強指数まで作ったわけですが、僕はエコノミストですから、これを見るときに何を見るかというと、趨勢、トレンドを見るんです。趨勢を見るのには値するのです。

　統計を改ざんすることは簡単だけど、トレンドを変えてしまうのはなかなか難しい。それから、2024年以降の推計はIMFがやっていますから、3年間のコロ

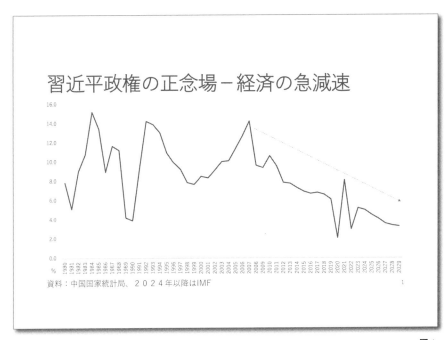

図1

ナ禍があって、GDPの動きがボラティリティー、アップダウンがあります。私は移動平均を計算していませんが、もし移動平均をとったら、ストーンと滑り台のように下り坂をたどるわけで、これは大変なことなわけです。

中国経済の高度成長期は終わったと僕は見ています。高度成長期がいつ頃だったかというと2010年、上海万博の頃です。あの頃はインフラ整備がありまして、放っておいても成長したけれど、以降どんどん成長率が減速します。習近平政権が正式に発足した2013年3月以降、中国経済はずっと下がっているわけで、これは実は大変なことです。

もう一つ、これは1人当たりのGDPです（図2）。IMFから取ってきた統計だけど右肩上がりしていて、ただ直近では上がらなくなったんです。頭打ちになっています。記憶にあるのが、コロナ禍の時ですね。イギリスのあるシンクタンクが中国のドル建ての名目GDPは早ければ2028年にアメリカを追い抜くという予測を出しました。今ご覧になっていただいた通り、もしこのタイミングで私が聞かれたら、そんなのあり得ないと、追い抜くことはほぼほぼないだろうと。む

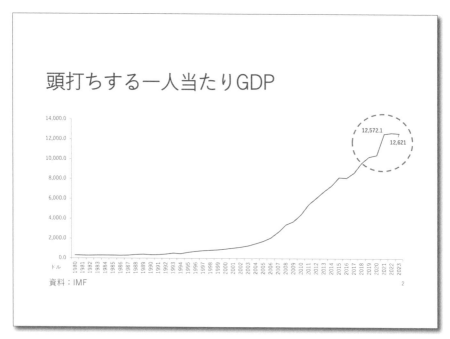

図2

しろ考えなきゃいけないのが、中国経済をいかにして成長軌道に戻すかということです。

統計より高い失業率と設備稼動率の低下

　何が大変かというと、失業率です（図３）。このグラフをご覧になって、私はエコノミストですが、一つだけ解明できない課題があります。もしご存知の方がいらっしゃれば教えてほしいけど、下の折れ線は都市部全体の失業率。この中には上の折れ線、若者の失業率が含まれているはずなんです。上の若者の失業率がこれだけ上昇しているのに、下の都市部全体の失業率はなぜ動かないのか。普通は動くはずですね。なぜなのかは国家統計局に問い合わせなきゃいけないけど、恐らく教えてくれない。真ん中で切れているところは、発表を中止した期間です。中止して、そこから今年１月、発表が再開された後で、出てきた統計が低くなっています。低くなったんだけれども、これは統計の定義を変えたわけです。

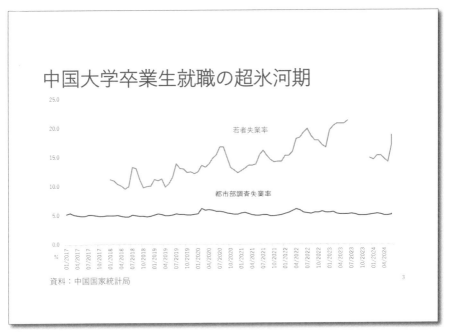

図３

僕ら経済を学ぶ人間が絶えず確認するのが、この統計の定義です。定義を変えられると値が変わって比較が不可能なので、下のグラフを私は見ないことにして、上のグラフだけを見ます。

　言いたいことは要するに、この10数％の失業率が仮に事実だとすると、結構大変なわけですが、実際の若者の失業率はこれよりもはるかに高いわけです。というのは、都市部の住民票、都市部の戸籍を持っている人が失業するとこの統計に含まれるけど、農村から出稼ぎに来ている若者が失業してもこの中に含まれません。したがって、実際にはこれよりはるかに高い失業率なので、最近日本の各メディアで報道されている無差別の凶悪事件などが中国のあちこちで起きているわけです。その背景に何があるかというと、成長が下がって失業率が上がったからです。

　結論ですが、これが一番困る状況になります。経済学の教科書を開くと必ず出てくるのがフィリップス曲線というもので、詳しい説明はしませんが、どういう設定なのかというと、失業率と物価は同時には上がらず、片方が上がれば、片方が必ず下がるというものです。このグラフの中で、要するにこの実線の折れ線の形になるのが一番理想的ですが、まれに政府が無理やり流動性、過剰流動性を供給して、この物価を、失業率がまだ下がっていないうちに、無理やり押し上げていくということがあります。そうなった場合何が起きるかというと、あらゆる経済政策が効かなくなる。そして何が起きるかというとスタグフレーション（図4）。経済恐慌、金融恐慌になります。これからこの可能性がゼロかというと、ゼロではないんです。ですから、むやみに流動性を供給していても、流動性の罠にはまっていて、同時に両方上がってしまい、社会全体が大混乱する。だからこういう愚かな政策はやらない方がいいと思います。

　もう一つが、今年5月、習近平主席がパリを訪れて、マクロン仏大統領とフォンデアライエン欧州委員長と三者会談をした。その時に、マクロンさんは習近平主席に忖度しなきゃいけないので、変なことを言わなかったんですが、フォンデアライエンさんが、中国の補助金の問題、いろいろな問題を起こしている過剰設備、過剰生産能力はわれわれにとって脅威になるから、いい加減にしてほしいと言ったら、習近平主席は「わが国には過剰生産能力の問題は存在しません」と、きっぱり否定されました。

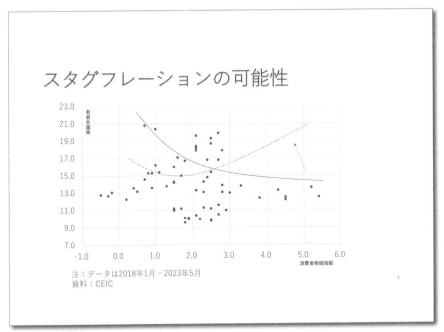

図4

　過剰設備というのは、何をもって判断するかというと設備の稼働率。これは製造業の設備の稼働率（図5）。中国国内の業界が出している数字ですが、全体の平均をとったものが、今年の第1四半期の統計を見ていただくと、74％を切っています。何を意味するかというと、普通製造業の場合は、設備というのは、やはりある一定の稼働率を持っていかないと、後で減価償却するときに大変なこと、ものすごく財務負担になります。

　日本の製造業の稼働率は90数％以上で維持しようとする。津波や台風、地震が起きた場合、瞬間的に下がることがあっても、極力稼働率を上げていきます。中国の場合は、実際の稼働率はここまで下がっていて、ここでどうするか。無理やり上げていった場合どうなるかというと、在庫になるわけです。在庫になるとコストになりますから、中国経済は持たないわけですね。どうするかというとダンピングせざるを得ない。ダンピングするからフォンデアライエンさんが怒ったわけです。中国が抱えてしまった需要を大きく上回る生産能力の多くが国有企業だからです。トランプがこのグラフを見たらものすごく怒ると思うので、これはト

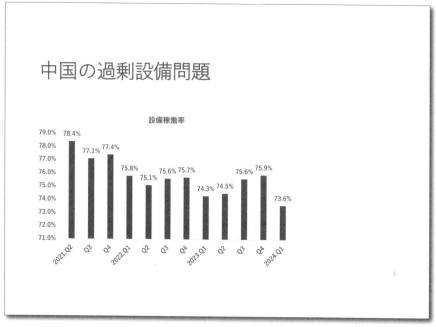

図5

ランプに絶対に見せたくない（笑）。

国内2位は酒造業、スパコンは世界トップ10圏外

　それで、中国経済に起きる異変とは何かというと、まずこの中国を代表する資産規模トップ10の会社を見てください（図6）。最初に出てくるテンセントは皆さんご存知の通りSNSなどを運営している会社。3番目が工商銀行、真ん中あたりに農業銀行、下から2番目が建設銀行、最後は中国銀行。4社が4大国有銀行です。それ以外に、ペトロチャイナ（中国石油）、チャイナモバイル。これ全部国有の石油会社と通信会社です。下から3番目のPinduoduoは、最近皆さまのスマホやパソコンの画面によく出てくる、Temuという超安いeコマースの会社。スニーカーが200円を切っている。履いたらどうなるかと心配になるので、私は買ってないけど（笑）。

　それで2番目、中国ナンバー2の大きさを誇っているのが茅台酒。50何年も前

分断国家・米国とシン国際秩序

Top 10 Largest Companies in China 2024

Rank	Name	Market Cap	Price	Today	Price (30 days)	Country
1	Tencent (TCEH)	$563.37 B	$60.67	-2.09%		China
2	Kweichow Moutai (600519.SJ)	$312.90 B	$249.09	-7.29%		China
3	ICBC (1398.HK)	$290.33 B	$0.62	-0.00%		China
4	Alibaba (BABA)	$281.02 B	$114.53	-1.50%		China
5	Agricultural Bank of China (601288.SS)	$233.58 B	$0.68	-2.13%		China
6	PetroChina (601857.SS)	$226.56 B	$1.29	-7.64%		China
7	China Mobile (0941.HK)	$218.96 B	$9.96	-2.45%		China
8	Pinduoduo (PDD)	$214.24 B	$154.27	-1.08%		China
9	China Construction Bank (601939.SS)	$200.80 B	$1.13	-3.66%		China
10	Bank of China (601988.SU)	$191.91 B	$0.71	-2.67%		China

図6

　に田中角栄元首相が北京に行ってご馳走になったのがこのお酒です。僕は一切飲まないけれど、これが中国経済を支えているとなるとゾッとする。もっとハイテク企業が出てこなければいけない。逆に言うと中国経済の弱体化を意味すると言えるかもしれません。

　弱体化と申し上げたので、ぜひこれをご覧になってほしい。去年の11月と今年の11月に発表された世界のスーパーコンピューターのランキングです（**図7**）。去年も今年も、中国の開発しているスパコンはこのトップ10にランクインしていません。去年はナンバー4が、私が20年間いた富士通と理研が開発した富岳。今年は6番目に落ちた。アメリカがどれだけランクインしているか、後で数えていただければ分かる通りです。

　何が違うかというと、例のチップウォー、半導体戦争です。半導体を制する者が世の中を制するわけですから、やはりアメリカという国の怖さです。ちょっと前嶋さんに申し訳ないんだけど、トランプという人はある意味ではどっちでもいいんです。4年で終わるんだから。次はもうない人なので。だけどアメリカとい

第2部　パネルディスカッション

世界のスーパーコンピューターランキング

2023	System	Rmax (PFlop/s)	2024	System	Rmax (PFlop/s)
1	Frontier (USA)	1,194.00	1	El Capitan (USA)	1,742.00
2	Aurora (USA)	586.34	2	Frontier (USA)	1,353.00
3	Eagle (USA)	561.20	3	Aurora (USA)	1,012.00
4	富岳（日本）	442.01	4	Eagle (USA)	561.20
5	LUMI (Finland)	379.70	5	HPC6 (USA)	477.90
6	Leonardo (Italy)	238.70	6	富岳（日本）	442.01
7	Summit (USA)	148.60	7	Alps (スイス)	434.90
8	MareNostrum 5 ACC (Spain)	138.20	8	LUMI (Finland)	397.70
9	Eos Nvidia DGX SpperPOD (USA)	121.40	9	Leonardo (Italy)	241.20
10	Sierra (USA)	94.66	10	Tuolumne (USA)	208.10

資料：IT Leaders

図7

う国は、ハイテク、文化、教育のパワーがやっぱりすごい。だから僕は習近平政権が不注意にアメリカとけんかしてしまったのは、ちょっと残念。僕だったらけんかせずに、頭を少し下げてごまかすのが一番良かったと思います。

戦狼外交からパンダ外交へ

　最後に、習近平政権の外交の転換ですが、習近平政権の外交で有名なのが戦狼外交、戦う外交だったのですが、この間、ペルーに行かれたときに、明らかに姿勢が変わったんですね（図8）。笑うようになりました。逆に日本の首相が笑わなくなった（笑）。なぜかという一説によると、あの人は笑えない人だと。本当かどうか分からないけど、中国はパンダ外交に変わり、まさか日本がこれから戦狼外交を展開するんじゃないかと（笑）。

　ロシアとの関係ですが、中国はロシアから何を得られているか。石油、天然ガスだと僕は思っていますが、もう一つ。あり得ないことだけど、もし台湾に侵攻

60

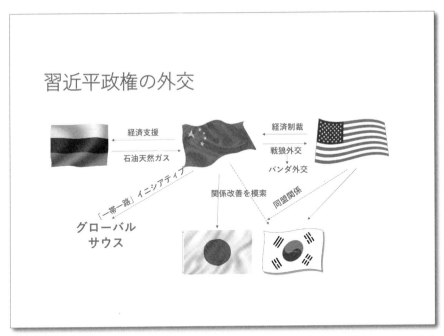

図8

した場合、ロシアにバックアップしてもらいたいと薄々期待している部分がある。台湾に侵攻する可能性は、僕はほぼないと思います。もちろん口では強がる、脅しをかけるわけですが、日本が見なきゃいけないのは、中国のグローバルサウスの国々へのアプローチ。これは重要。だから、ここ数十年来の日本外交の一つの失敗は、あれだけASEANの国々と良い関係を構築したのに、距離がどんどん遠くなってしまったことじゃないかと思います。

　良かったのは、韓国との関係。かなり改善された。ただ、韓国という国はまだブラブラ、フラフラする国なので、大統領が変わるとまたどうなるか心配です。激動のこの時代ですから、来年以降不確実性の満ちた時代に突入していく。そこに習近平主席はいないから、むしろ日本がどうするのかをきちんと考えた方がいいじゃないかというのが私の問題提起です。ご清聴ありがとうございます。

第2部　パネルディスカッション

習近平主席は4期目へ

杉田　ありがとうございました。スーパーコンピューターのリストを基に、アメリカの政治の混乱とは別のアメリカの実力、中国の劣位を柯隆さんが明らかにされて、新しい視点を提供していただきました。柯隆さんには台湾侵攻はありますかと聞こうと思っていましたが、ほぼないというお話でした。

　習近平さんは現在3期目で任期は2027年までですが、4期目があるのかどうなのか。なかなか柯隆さんのお立場から明確には説明しづらいかもしれませんが。それから、もし3期目で終わるとすると、習近平さんは毛沢東と並ぶという評価を自分で下そうとしているようですが、そのレガシーとなるのは果たして何なのか、伺いたいと思います。

柯　これは明確に答えられます。4期目、あります。習近平主席の偉大さからすれば、時々こういう話をした方がいいと思いますが、偉大な方なので、おそらく4回目、次もやる。

　もう憲法が改正されたので、1期目、2期目、3期目と数える必要がない。むしろどうだろう、ポスト習近平の後継者が示されてないところをわれわれは注目しなきゃいけない。例えば、ある日突然俺辞めたと言った時に、逆にこれを心配しなきゃいけない。というのは、中国には突然変わってしまったときに次の人を選ぶメカニズムがない。アメリカはアメリカの、日本にも日本のメカニズムがある。当時の岸田文雄首相が、自分がもう出馬しないと言ったその日、僕が注目したのは東京の株価ですが、上がっちゃいましたね。僕が岸田さんだったら寂しい思いをするので、せめて少し下げてほしかったなと思いますが（笑）。習近平主席は多分そんなことはないので、何かのきっかけで辞めたとすると、やっぱり世界の株価は相当動揺すると僕は思います。いずれにせよ、エンドレスではないけれども、命が続く限り多分やられるのではないでしょうか。

日本のメディアはアメリカ依存か

杉田　それでは、私も3分ほどのプレゼンテーションをさせていただきます。

今日は主催が新聞通信調査会ということで、真山さんの講演でもあった日本の国際報道というテーマでお話しします。今回の米大統領選挙では、アメリカ依存の日本のメディア報道の問題点が明確になったと思います。

常々いろいろな場で申し上げていますが、われわれはアメリカのメディア、ニューヨーク・タイムズやワシントン・ポスト、CNNなどを非常にある意味、絶対的な存在として見がちになります。しかし彼らはやっぱり国際政治においては、アメリカの国益を代弁して動いていると。そういうものだとわれわれは認識して、彼らの報道を咀嚼していく必要があることが大前提です。

それから、さらにアメリカの国内でいうと、今、私が申し上げたような伝統的なメディアは、明らかに反トランプです。伝統的なメディアは自由と民主主義、普遍的価値を掲げるので、われわれも親和性があるのですが、しかしアメリカの国内においては、前嶋さんのお話ではありませんが、有権者の半分、あるいは今回半分を少し欠くぐらいの人たちの支持しか得ていないことも認識しないといけない。東部の主要メディアが報じているからアメリカの世論はこうだということは、なかなか言えない。

ただ、米国メディアはなんといっても国際報道において圧倒的な取材力があるのは間違いないですし、それから日本メディアの抱えている限界というのが、これはもう皆さんもご想像できるような、要員の不足とか、取材先のいわゆる権力へのアクセスが足りないとか、あるいは言葉の壁もあります。

日本メディアは伝統的に活字、文字を読んで取材する傾向のあるメディアです。ただ、アメリカで影響力があるのは、今は活字よりも映像であり音声です。これを言うと前嶋さんに笑われるかもしれませんが、私はジョー・ローガンというポッドキャスターをずっと聴いています。やっぱりポッドキャストがかなり今回の選挙では、若者を動かしました。3時間、トランプさんやイーロン・マスクさんのインタビューをしますので中身が濃い。ただ会話でのくだけたやり取りなのでそれが何を意味するか、視聴しただけで瞬時に判断するのは難しい。カルチャーや風俗、スポーツの背景知識も必要となる。それは例えば日本に滞在している外国人記者が、このわれわれのパネルディスカッションを聞いても、瞬時に理解する人は少ないだろうというのと同じことです。

そういう壁があるのでファクト、データとか要素というか、材料はどうしても

アメリカメディアなり現地メディアに頼らざるを得ないと。全てを取材できないので。ただし見方としては、独自のものを持ちたい。常識を疑うとか、別の言い方だと半身で構えるというような接し方、つまり疑うという消化の仕方、本当にそうなのかという基本姿勢を失わないことですね。

東野さんの説明にもあった通り、ウクライナ戦争は停戦という言葉でなんとなく世界中のメディアが盛り上がっていますが、果たして本当にそんなことは、今のウクライナで可能なのかなと。停戦するとしたら、その当事者であるゼレンスキー大統領とプーチン大統領の立場がかけ離れていて、それがトランプさんが登場しただけで、あるいはアメリカが軍事支援を削減すると言っただけで、本当に実現するのかという大きなクエスチョンマークを、私は持っています。それが来年大きな動きになるウクライナ戦争に対して接する、基本的なスタンスかなと思います。

米国メディアについてあえて付け加えると、ウォーターゲート事件以降、アメリカのメディアは本当の意味で大きな業績は挙げていない。ウォーターゲート事件は72年夏に起きて、74年8月に当時のニクソン大統領は辞めるわけで、あれは徹底的に素晴らしい業績だったと思いますが、その後のスクープはリークによるものが多い。ある政策を潰したい人たちからのリーク。共和党によるリークが民主党政権を潰す狙いを持つ、民主党のリークが共和党政権を潰す目的を持つ。一から掘り起こす報道もアメリカメディアもやっているけど、それは日本も同じ。日本のメディアに比べて、アメリカのメディアが圧倒的に素晴らしい状況ではないと申し上げておきたいと思います。

2. 質疑応答

杉田　それでは、参加者の皆さまからいただいている質問を元に進めていきたいと思います。

まず前嶋さん、アメリカの世論調査をどう見たらいいのか。これはアメリカだけではなくて、日本でも選挙の度に世論調査が当たる、当たらないと、予想にど

れくらい信頼性があるのか疑問になります。アメリカの世論調査はなぜあんなに外れたのでしょうか。そしてよく言われますが、有権者が世論調査に対して不信感を持っていて、嘘を答える、電話を取らないという状況なのでしょうか。

米大統領選の世論調査は外れていない

前嶋 ありがとうございます。予想は外れてないですよね、全然。激戦州七つで七つがどっちか分からないという結論なので、その通りだったわけです。もちろん、激戦だから半分ぐらいハリスが取ると思うのかもしれませんが、あれは大いにあり得て、トランプがうまく出し抜いたわけです。「激戦州七つ、実際に世論調査通りだ。ならばこれで何ができるだろう」、それをうまくやったと思います。

そもそも今どういうふうに世論調査をしているのかというと、もちろんネットの時代なのでなかなか難しくて、例えば出口調査も、アメリカのデモグラフィー、人口動態に合ったような形で、一種パネルを作っておくんですね。だから出口調査はすぐ終わるわけです。出口調査と言いますが投票会場の出口では聞いてなくて、あれは世論調査です。郵便投票、期日前投票が半分以上なので、正確ではあるわけです。

ただ、近年言われているのは、ちょうど杉田さんがおっしゃられましたが、トランプに入れると答える人が比較的少ないのではないかと。それも踏まえて、サンプルを頑張って作るわけです。じゃ少ないから足そうとか、そういう戦いです。要するにサンプルと母集団、母集団は英語で言うとポピュレーションですが、全部は難しいのでサンプルを取るのですが、サンプルをどう組み合わせるかが、これは本当に科学的な作業。アメリカは誤差を含めながら、よくやっていると思います。

ただ、常に変わっていかないといけないのが難しいところ。人口動態はどう変わったのか、投票率はどうなるのか。今回投票率は前回より低いです。前回の投票率は66%を超え、1900年以降で最も高い投票率。1900年の大統領選挙の時には女性の参政権がなくて、女性の参政権は1920年からなので、過去最も高い。日本で勘違いしている方が多いのですが、アメリカの投票率はものすごく高い。選挙産業が、本当は選挙に行ってはまずそうな人も含めて連れて行っているからで

す。簡単に言うと。今回は数ポイント下がって64％ぐらいかなと。でも投票率は推計が難しいです。来年の６月ぐらい、半年ぐらいかかります。世論調査は、これぐらいの投票率かな、サンプルはこうかなと、やっている範囲では極めて正しい。今回は全く異変がないですものね。

　異変は一つです。アイオワで民主党が勝つという、デモイン・レジスターがやったやつ。あれは間違っていましたね。あと、バージニアで共和党が勝つだったでしょうか、これもないだろうと。なかったですね。

　だから、ほとんどの調査が正しかった。あともし一つ言えることは、日本で言うと、あれまずいですよね、各種世論調査を全部足して出すリアル・クリア・ポリティクス。各２週間分を足しました、誤差は構いませんというもので、誤差が高いのもある。誤差５％いったらクズです。クズもたまに入ります。逆にトラファルガーとか、ラスムセンとか、必ず共和党が高いとすると、この部分をちょっと考えないといけない難しさはまだある。でも、各種世論調査が信じられないから平均取りましたっていうのは分からないでもありません。

今後の米民主党は

杉田　もう一つ、民主党はこれからどうなると思いますか。

前嶋　過剰に解釈すべきではないのに、もう俺たちダメだ、となっていますよね。もう路線どうしましょうとか、サンダース上院議員が最初にほえて労働者の声はもう民主党に来ないみたいな話も出ている。

　実際は1.5％の差しかないので、どう考えるか難しいところです。人口動態がどう変わっていくのか。今回、ヒスパニック票が一定程度共和党に取られましたが、トランプ現象だけで終わってまた戻ってくるかもしれない。何とも言えないところです。だから過剰反応はいけないのですが。

　あとバイデン戦犯論もあります。「早く辞めなかったから悪い」というものです。ハリス氏は決して悪い候補ではありませんでしたが、予備選を戦っていません。予備選というのは田舎侍が戦国武将になる瞬間を目撃するプロセスですが、戦国武将にはならず田舎侍のまま、最後にすごい鎧と甲冑をつけて戦った。だか

ら不釣り合いであり、禅譲だったのでバイデン批判もできなかった。通常バイデン批判をして大きくなっていくのですが。ハリスは次のカリフォルニア州知事選に出るという話、大統領選に出る話もあります。次の手を考えているところでしょう。

　一方、実は日本で報じられないですが、下院を見たら、コングレショナル・ブラック・コーカスといって、黒人系が強くなっている。だから今後、意外ともうちょっと左に行っちゃってると見ることがあるかもしれません。だからそれを逆に戻す動き、オカシオコルテス下院議員あたりは微妙に中道になりつつある。非常に左派な人ですが、こういうところがまだ動いていくと思います。

ウクライナ人の８割が「勝利する」

杉田　東野さん、二つ質問します。一つは、ウクライナの国民は、ひとくくりにするのもこれまた非常に乱暴な話ですが、今どう考えているでしょうか。つまり、停戦を求めているのか。平和を望んでいるのは間違いないと思うのですが、弾が飛んでこない、ミサイルが落ちてこない状況とともにウクライナの国民が求める平和にはいろいろな要素があるわけですよね。NATOに入れてほしい、主権を守る、領土を取り戻すとか。そのへんを含めてウクライナ国民の心情はどう見たらよいのでしょうか。

東野　ありがとうございます。まさにおっしゃられた通り、ウクライナの4,000万人が一律同じアイデアを持っているわけではまったくありません。ただ一つ言えるのは、疲れ果てている。見るのが辛いレベルで疲れ果てています。戦争を続けたいウクライナ人など１人もいません。それは明らかなので、停戦に応じないことをもって、まだ戦争がしたいのかとか、まだ人命が失われていいのかと、われわれは軽々に言うべきではないと、まず前提として申し上げておきたいと思います。

　その上で、最新の世論調査では32％が、永続的な平和が訪れるならば、その領土的な妥協をしても構わないということです。６月もそうですし11月もそうでした。ただ、この「永続的な平和が訪れるならば」をどの程度信じるのかというこ

とですよね。本当に領土さえ譲ってしまえば、永続的な平和が訪れると思う人もいるだろうし、永続的な平和なんかどうせ訪れないが、訪れると考えることが本当にできるのなら領土との引き換えはありと思う人もいるわけです。その質問の中にさまざまな立ち位置が並び得ます。

そして領土的な妥協が何を意味するのかというと、例えばクリミアも仕方がないとか、東部南部4州まとめて仕方がないとか、そういう人もたくさんいるので、ウクライナ人がどのように考えているかは、ちょっと申し上げられません。何が言いたいのかというと、32%の中身を、グレーかもしれないけど、どれだけ正確にくみ取って、こういう意見の分布があるということを伝えることはできるかもしれませんが、このように考えていますと言うことはなかなか難しいということです。

ただもう一つ、今年に入ってからの別の機関の世論調査で、本当に驚くのは、「ウクライナは勝利しますか」という質問に8割のウクライナ人が「ウクライナは勝利します」と答えているのです。この2年半以上にわたる戦争に耐えて、まだ勝利しますという人が8割います。ただ、その勝利が何を意味するのか。ロシアが出て行ってくれることなのか、それともこれだけ領土は失ったかもしれないけどウクライナという国家がなんとか踏みとどまったことを勝利とするのか。そこは分かれます。

世論調査の話が出ましたが、本当にあなたの思っている勝利とは何ですかと聞いたときに、10人のウクライナ人は10人、別のことを答えるかもしれないけれども、それは勝利という言葉に集約されるということなんです。今でもウクライナ人に会うと、ウクライナの勝利のために、と私たちは乾杯するんですね。2022年からずっとです。

米国と欧州の戦略的自立

杉田 もう一つ質問です。アメリカが内向きになっていくと、昔から言われているヨーロッパの自立、これがどういう方向に向かうのか。掛け声はたくさん出ていますし、実際動いているのでしょうが、果たしてヨーロッパが、アメリカ抜きで自分たちの安全保障を守れるぐらいまでになるのか。右派、極右勢力の伸長も

あるので、足並みが乱れているようですが、ヨーロッパの将来をどう見ていらっしゃいますか。

東野　ヨーロッパの自立性については、やはりトランプ政権によって、逆説的ですが推進されていくのだろうと思います。ただ、ヨーロッパがより自立しなさいとか、アメリカに守ってもらうだけの存在ではなくヨーロッパが自分で自分のことを守りなさいというのは、共和党、民主党問わず米国がヨーロッパに言い続けてきたことです。

　民主党政権はともかく、トランプ政権だともう待ったなしです。「防衛費負担が２％を超えない国は守りません」「ロシアに好きなように攻撃してもらいます」「北大西洋条約第５条が発動されても、アメリカは守らないかもしれません」と言いたい放題なので、トランプ政権はもう許してくれないだろうというこの認識が、恐らく自立性を高めていくだろうと思います。

　ただ、ここで気をつけなければならないのは、実は中国が、ヨーロッパの戦略的自立性という言葉が非常にお好きなようなんですね。それは何を意味しているのかというと、ヨーロッパが戦略的に自立することによって米欧が離反する、アメリカとヨーロッパが必ずしも一蓮托生にならなくなるといった効果も含めて、戦略的自立は大変よろしいことですねと中国の当局者がヨーロッパに言っていて、ヨーロッパの一部にもそれに同意する声がある。

　なので、その全体的なバランスをどのようにヨーロッパ自身が考えていくのかが非常に重要になってくるかと思います。

米国の中国人「８割がトランプ支持」

杉田　それでは柯隆さん、中国外交です。今、東野さんからも提起がありましたが、中国がこれからヨーロッパとの外交をどう築いていくのか。トランプさんと習近平主席はどういう付き合い方をしていくのか。経済、関税、台湾、安全保障の問題、いろいろあります。さらに言うと、ロシアと北朝鮮が接近していますが、これを中国はどう見ているのか、さらにウクライナ戦争で大きな方向転換があるとすると、そこに対して中国はどういう形で自らの国益を実現していこうと

するのか伺いたいと思います。

柯 はい、ありがとうございます。ぜひその前に一言、先ほど杉田さんがおっしゃられた報道とかメディアの在り方について一言コメントさせていただきます。というのは、新聞通信調査会さんにお招きいただいて、とても僕はうれしいと思っている。なぜかというと、先ほど西沢理事長がおっしゃった同盟通信の話があります。当時『上海時代』という本を残した著者、松本重治さんが、あの時代、同盟通信の記者として上海に駐在して毎週のように私の故郷でもある南京に行って、欧米の使節団の皆さんから情報を取っていました。

　日本で生活し始めて、僕は36年たちました。36年前に僕が名古屋に留学していた頃、地下鉄で通学中にみんな本を読んでいたわけです。しかし今はみんな携帯電話を見ている。先日6割の日本人の方が本を読まなくなったという調査を知り、僕は本を書くインセンティブが一気になくなった（笑）。さらに危機的なのが、若者が新聞を読まなくなった。日本人の活字の消費量の少なさがこの30年来もう一気に変わってしまったのは危機だと思わなきゃいけないと、私は一言申し上げたい。

　さて、中国の外交の中で、まずヨーロッパとの関係。これは実は簡単で、ヨーロッパの人たちは、台湾海峡うんぬんというよりも、中国は大きなマーケットと見るわけです。ドイツなんかは特にそうです。例の一帯一路というのは、陸路でいろいろな物資を中国に運ぶ。車もあれば、フランスだとワインとかブランデーとかいろいろなものを売ります。だから大きなマーケットを失いたくないというのがヨーロッパの国々の考え方で、一つ違うのがイギリスかなという感じです。あの国は中国に売るものがあまりないし、それからイデオロギー的にもちょっと違う。

　今中国は逆に比亜迪（BYD）などの自動車メーカーが、例えば、ミュンヘンにR&Dセンターを作ってヨーロッパの一流のデザイナーや技術者を雇って研究開発をしています。イタリア人のデザイナーを採用して形をポルシェに近づけるなど、ある意味では中国とヨーロッパが、ウィンウィンになる可能性があります。

　一方、アメリカですが、実はアメリカにいる中国人の約8割がなんとトランプ

支持です。熱烈のトランプ、Always Trump の人がほとんどです。もし SNS で中国語でトランプを批判したら、もうハイエナみたいにみんな集まってきます（笑）。僕はそういうのは一切やらないんだけど、それぐらいみんな大好き。よく分からないのですが、おそらく彼らはアメリカに行ったわけだから、中国本土に何かの恨みを持っているのか、彼らがトランプに中国に対してもっと制裁せよというような期待が多分あると思います。

そうすると、トランプ2.0、来年1月に発足して、先ほど前嶋さんのプレゼンテーションにあったように、少なくとも最初の2年間というのは多分ガンガンやると。中国は、日用品はともかく、半導体は絶対に手に入らないわけですから、経済は否応なしにデカップリングが加速していくというのが私の見方です。

さて、ロシアという国の取り扱いは、実は中国は非常に苦戦している。というのは、ウクライナ戦争が起きた時にキーウに6000人の中国人がいたと新華社が報道しました。その6000人が誰なのか、何をしていたかという話ですが、留学生とビジネスマン。留学生は何を勉強していたかというと、軍事技術。1隻目の空母はウクライナから買ったんですね。おもちゃと思って買ったわけですが、それから戦闘機などの技術も全部ウクライナが教えてくれました。ビジネスマンはまさに部品などを輸入するためです。

そういう意味では中国は完全にウクライナとサヨナラするわけにはいかない。ただ一番見たくないストーリーというのは、プーチンのロシアが突然倒れて負けてしまうこと。これは良くないストーリー。

あと北朝鮮は、中国ではいろいろ報道されていて、中国国内の論考を読んでいると、それほど気にはしていない。あれだけの国なのに、プーチンが平壌まで出向いていくというのは、私は素人だけどやっぱりロシアは相当苦労しているなと思います。苦労とは、中国はロシアが期待するほど輸出してくれていないという意味です。弾薬だとかですね。だからこれを金正恩に出してほしいと。弾薬だけじゃなくて今度は兵隊まで出したわけです。

最後に一言、最近知ったことですが、実はウクライナ戦争の戦場で、ウクライナ側の志願兵の中に、わが中国の青年が入っているんですよ。ついこの間1人亡くなりましたが、彼らがアメリカに渡って市民権を取った後に、今度ウクライナを支援する側で銃を持ったわけです。というぐらい、やはり民主主義の国に出て

きていて、もう一回中国の今の政治情勢を見ていて、何か目覚めた感じはしまして ですね。もちろんロシア側にも中国人の志願兵がいるというのは前から言われていますが、ただそういう人たちは表に出てこないので、詳細は分かりません。以上です。

杉田 個人として行っていて、政府の政策が、あるいは党が、ということではないですね。

柯 全くのプライベートです。

トランプ氏が描く「シン国際秩序」は

杉田 それでは前嶋さんに伺います。トランプ政権下ではアメリカファーストで内向きになるとよく言われますが、そうなるとアメリカの世界覇権が崩れていく。世界覇権を失うことも覚悟して内向きになっていくのか。あるいはトランプさんのことだから、なんとしても世界のトップでいたいという思いがあって、いざというときは、やっぱりアメリカはきちんと軍事力行使も含めて関与していくのか。トランプさんが描く、今日のタイトル「シン国際秩序」とは、どういうことになりそうですか。

前嶋 覇権の定義ですよね。覇権国とは何かというと、経済的にも軍事的にも大きくて、さらには国際公共財も提供する。アメリカだったら、第2次大戦以降、国連やさまざまな国際法、今われわれが言うところのリベラル・インターナショナル・オーダー、自由な世界、そして法を守っていくことなどがある。

　こうした覇権の中の国際秩序を守っていこうというところは、大きく崩れていく。4年間で直るわけではなくて、アメリカは基本的に50対50が続きますから。それに対して反発もする。温室効果ガス削減に関する国際的枠組みのパリ協定離脱については、もうトランプ政権はその文書を作っている。上院で国連の気候変動パネル離脱という議論も上がるでしょう。たぶん民主党がフィリバスターを使って止めるという形になると思います。だから基本的に変わらない部分はあるけ

れど、さっき申し上げた国際公共財、世界の国のためになっていくようなことは多分減っていく。

ただ、経済の部分は、逆にもっとトップダウンになるんだと考えていると思う。良い悪いは別として、これからエネルギー大国としてのアメリカであり、エネルギーを掘って掘って掘りまくり、EVなんかどうでもいいと思っているわけです。ついでに、関税を上げて中国製のEVをアメリカに入らないようにさせたら、アメリカ国内でのEVはいいわけですね。バイデン政権もその動きにあります。要するに経済的にはもっと大きくなる。

安全保障はどうか。これまだ割れているところだと思います。要するに例えば、ウクライナ支援も徹底してウクライナを勝たせたところで停戦なりという議論の中で、もう現状で諦めなさいで終わっていくのか。こういう考えもトランプ政権の中にあって、微妙なところです。ただ、トランプ自身は明確に言っていなくて、力による平和、Peace through strength と。アメリカの軍事力は強い、ただ他の国に派遣するかどうかは分からない。

厚生長官に任命されているロバート・ケネディ・ジュニアは、選挙でも大貢献者ですね。彼がいなかったら負けていた数字です。日本ではワクチン懐疑論ばかり伝わりますが、彼の選挙公約はアメリカの軍事予算を半分にすると。そこに賛同するトランプ支持者は結構多い。ただ、トランプはそこまで言っていません。安全保障のところは、いろんな意見が割れていると思います。

本当に右傾化か　グレーなものをグレーで捉える

杉田　今日はオンラインでも配信していますが、視聴者の方からも質問が届いています。東野さん、ヨーロッパで顕著になっている右派、あるいは極右勢力の台頭の背景には何があるのか。アメリカも含め世界は保守化が進んでいくのでしょうか。

東野　ありがとうございます。欧州議会選挙などを念頭に置かれているかと思うんですが、アプリオリといいますか、一律に右派が台頭したと本当に言っていいのかまず問い直したいと思うんですね。

第2部　パネルディスカッション

　例えばドイツの AfD は極右なのか、それとも移民排斥やイスラム差別をもって極右と本当に定義付けられるのかどうか。イギリスは保守党ではなくて、労働党政権が返り咲いています。フランスの選挙も極右が極右がと言われながら、ふたを開けてみると現政権がなんとか勢力を保って、首相はバルニエだったりするわけですので、本当に右傾化しているのかということです。ただ、内向きになっている、自国ファーストになっているという傾向はそれなりにあると思います。

　それから、親ロ・反ロということも、あまりはっきりとは言えない部分があり、今日の一貫した目線になりますが、グレーなものをグレーに捉えることと、分かりやすい言葉で理解することとのせめぎ合いがあります（**図7**）。

　例えばハンガリーやスロバキアみたいな国をもって反 EU とか、右傾化みたいなことを言われますが、ああいった国々も EU の存在がなければ生きていけないわけです。親ロで EU に反旗を翻しているみたいなスタンプを押すような理解では、やはりちょっと難しいのかなと思います。はっきりした答えではないですが、はっきりした答えに適さない質問であります。よろしくお願いします。

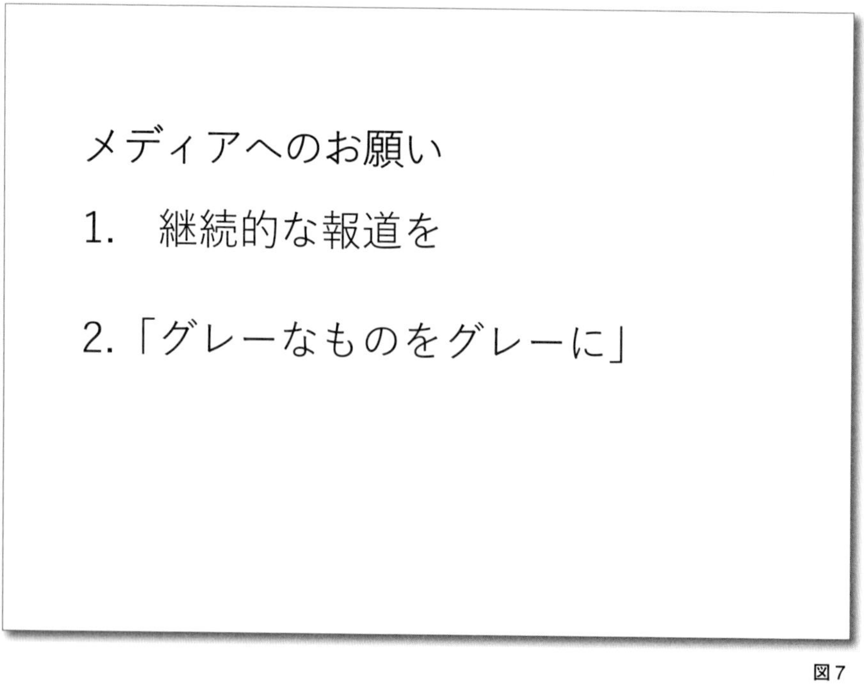

メディアへのお願い

1.　継続的な報道を

2.「グレーなものをグレーに」

図7

日中関係の重要性は経済

杉田 柯隆さん、これもこの会場では皆さん共通の質問だと思いますが、石破茂首相のいろいろな言動を見ていると、どうもやっぱり中国との関係をちょっと動かしたいと思っている。日中関係を重視した石橋湛山によく言及しますが、中国側としてはこうした石破外交をどう受けて立つことになりますか。石破さんと習近平さんの化学反応、ケミストリーも含めて、何か感じることはありますか。

柯 石破さんについて申し上げる前に、中国経済はかなり厳しい状態になっている。石破さんと握手した時に習近平さんがほほ笑んだことが何を意味するかというと、やっぱり日本との関係を改善したいという一つのシグナル。その笑顔を誰に見せたか。石破さんに見せたというよりも、日本の財界の皆さんに見せたのですよ、実は。やはり中国へもっと投資してほしい、経済界の交流をもっと促したい。その裏付けに、日本の財界に対して最近はいろんなアプローチがずっと来ています。これがまず一つ。

　一方、石破さんは、私は何回かテレビ番組で一緒になったことがありますが、中国を別に嫌いではない。どうもコミュニケーションを取るのはあまりうまくないというか、ご存知のようにあの方は、プラモデルを作るのが大好きで。これ本人が言ったんだけど、俺だいたい仕事終わってすぐ家に帰ると。飲みに行かないと。飲みに行かなきゃどうして政治家になったのか（笑）。政治家の仕事の半分は、私は社交だと思っている。例えば私の講演会にいらっしゃることがあるんですよ。ただ終わる5分前にわざわざ帰ってしまう。それがミスター石破だと思っている。どうしてこのエピソードを申し上げたかというと、中国の政治指導者と付き合うときに、社交的な手腕はすごく重要だからです。それがないとうまく務まらない可能性があります。

　習近平、石破のこの2人の関係について一つ不確実で申し上げるとすれば、中国側から見ている景色だと、石破政権がいつまで続くか、支持率によってどこまで真剣に付き合った方がいいかは、実はまだ定まっていないのが正直なところです。

第2部　パネルディスカッション

日米関係「基本的に問題ない」

杉田　前嶋さん、石破・トランプ会談はどう進めるべきでしょうか。

前嶋　なかなか難しいのは、そもそも安倍元首相とトランプさんの関係は、人によると100年に一度というような、それだけウマがあったという感じかもしれません。ただ安倍さんは、結構無理をしてトランプさんと付き合っていたという話もある。実際、安倍さんと話した記者に聞くと、いや我慢していたんだよとよく言っていたとおっしゃっていたらしいです。

　でも、日米関係の良さをあれだけ演出したのは良かった。今の日米関係はその上に立っていると考えて、それでもアメリカは関税をかけてくるかもしれませんが、基本的に日米関係は問題ないわけなので、石破ジャパンとトランプアメリカで付き合っていく。外務省も夏ぐらいから、どちらが来てもいいように準備をして、人的にも組織も作ってあるということです。担がれる石破さんは、無理して合わせる部分もあるかもしれませんが、トップの相性も重要ですけど、そんなに悪くはされないと思うんですよね。

　もちろん最後の一押しというところはあるかもしれません。ただ、トランプさんが見ているのは、石破さんがどれだけこの国の中で安定した政権を持っているかだと思います。要するに話せる相手かどうか。石破さんが見るのはトランプさんではなくて、むしろ日本国内の政治かと思います。

日欧のメディアの違い

杉田　今日は新聞通信調査会主催なので、3人の先生方にそれぞれの分野から、日本のメディアに対する期待、要望をお話しいただきます。東野さんからお願いできますか。

東野　私はメディアに対する提言とか偉そうに言える立場ではなく、メディアの皆さんにおすがりする状態です。つまり、ウクライナのことをどうか忘れないでくださいとお願いする立場です。

分断国家・米国とシン国際秩序

　メディアとこの戦争ということを、私はよく考えるわけです。私たち国際政治学者は、ちゃんとメディアを使いこなせているのか、メディアとの協働作業がちゃんとできているのか。

　例えば私が11月にした講演で、3年前、つまり侵攻が始まる前の11月にどんなことがありましたか、何を覚えていらっしゃいますかと皆さんにお伺いしました。すると3年前って何か大きな動きがありましたっけと皆さんおっしゃるんですね。どんなにこの情勢をフォローしている方でも、何がありましたかねという感じです。

　お答えするならば、これニューヨーク・タイムズの記事ですが（**図8**）、恐らくヨーロッパとかアメリカをフォローしていた人は、もうこれは戦争を避けられないんだと突きつけられたのが11月でした。

　11月18日のニューヨーク・タイムズの記事ですが、アメリカがNATOの加盟諸国に対してさまざまな証拠写真を見せて、ロシアはこのように戦争の準備をしていると。本当にどの程度の侵攻をやるのか、規模はどうなのか、いつなのか分

図8

からないけど、アメリカとしてはブラフ、つまり脅しではないと考えていると伝達したという記事です。ワシントン・ポストもその後、後追いで、同じような内容を報じています。

　アメリカの報道に関してちょっと批判的な話もありましたが、この時にもうこれは避けられなくなったんだという現実を突き付けられました。ただ、その時に私ども国際政治学者は、こういう報道がありましたよと、声を大にして皆さまにお伝えすることが、果たしてできていたかどうか。「戦争なんかないに違いない」とか「戦争があると言っている人間はあおっている戦争屋だ」とか「戦争が起こったら国際政治学者たちはうれしいんだろう」という声に負けずに、「いえ、これは危険な状況ではないでしょうか」と、本当に声を枯らして、この時期自分は言っていたかというと、言ってなかったです。聞かれていなかったということもありますが、そのための努力を本当に、自分で、振り絞ってやったのかというと、私はしてなかった。だから、メディアに注文をつけられる立場ではないとはこういうことですね。ちゃんと報道されているものに対して、それをきちんと日本のオーディエンスに投げ返す不断の努力を自分たちがしていたかといったら、当時の私はしてなかったです。その反省もあるから、今、どんなことがあっても、何があっても、伝え続けなければならないと思っています。

　杉田さんの著書に『国際報道を問いなおす』というすごく良い本がありまして、私は今年のゼミで学生たちと読みました。その時に、そうか、アメリカの報道ってこんなに偏っているんだ、杉田さんに教えてもらったとみんな感動していました。

　この時に、英語で devil's advocate って言うんですけども、悪魔の代弁人として私があえて反対の立場で学生さんと議論したのは、「でもやっぱり戦争が始まった後、ロシアが発するディスインフォメーションを一生懸命修正してきたのもアメリカやヨーロッパのメディアじゃなかったか」と。ブチャなんかない、あり得ないって言っているのを、ニューヨーク・タイムズと BBC が、いや、これはロシアの占領下で行われたことですと証拠写真を基に報じていました。それぞれの立場の戦いとかご都合主義かもしれないけれども、それでも補正能力とかディスインフォメーションに対する戦いはやっぱり欧米のメディアはできてきたし、有用だと私は思うんだよねと言いました。ゼミ生とは議論が盛り上がり、杉田さ

んに大変感謝していますが、やはりどこのメディアだからと思い過ぎてもいけないなというのは、しみじみと感じるところです。

その上で、もしお願いができるのであれば、ウクライナの報道は継続的にお願いしたいです。例えば、区切りをつけて、戦争の報道は一段落ね、としてしまう。メディアはいろいろなニュースを扱わなければいけないから仕方がないのですが、例えば、2022年の戦争が始まった後、とあるメディアに出続けていましたが、「ゴールデンウィークが明けたのでこの報道を一段落させたいと思います」と言われました。ゴールデンウィークが終わったその段階というのは、マリウポリが悲惨な状況に陥っていた時です。この段階で、日本はゴールデンウィークが終わったから戦争報道は一段落ね、と言われるのは、私としてはなかなかに衝撃でした。例えば何年目とか、1000日とか、いろいろな節目に扱っていただけるのはいいのですが、2年半を超えて今戦争がどんどん悪化して、悲惨な状況になっています。今こそ報じなきゃいけないと思っているので、ぜひお願いします。

日米のメディアの違い

杉田　前嶋さん、いかがですか。

前嶋　今、東野さんがおっしゃっていた、アメリカのニューヨーク・タイムズの国際報道っていうのは人がいる、お金もある、ノウハウもある、情報提供者もいる。これは素晴らしいわけです。

ただ、私が申し上げるアメリカのメディアは、もうちょっと多く見られているゾーン。大変申し上げにくいけど、ニューヨーク・タイムズの国際報道をアメリカの一般の人がしっかり読んでいるとは思えない。アメリカの人たちは保守だったら FOX ニュース、あるいはもっと派手なニュースマックス（Newsmax）だったり、ワンアメリカネットワーク（One America News Network）だったり、あと左の方だったら MSNBC かもしれないけど、やっぱりケーブルテレビのニュースを一番の情報源としている。あとはネットで足してという感じです。

三つ申し上げたい。一つはアメリカになってはいけない。アメリカというのは要するに人々に合わせて派手になって、分かりやすくして、それでもうかるから

という中で客観性が抜けてしまった。オバマケアはとんでもないとFOXニュースが言っているから、とんでもない。2020年大統領選挙は不正がひどかったとFOXニュースで言っているから、保守派は信じて視聴します。投票機メーカーの会社からFOXニュースが訴えられて、負けそうなので和解して、けっこう人員整理して、いろいろな人を追い出したわけですが。

要するに、人々が喜んで見る、そうすればお金になる、広告収入も上がるという観点はやっぱりまずい。もちろん必要なわけです、どこのメディアも日本も含めて、非常に大変です。ニュースのアウトレットがめちゃくちゃ多いので、ジャーナリストの質も下がるし、お金も少なくなる。これがまず大前提にあって、アメリカになるな、客観性を失うなということです。

二つ目のアメリカになるなは、メディアの問題ではない。メディアが人々と一緒に歩んでいくのは当たり前です。客観性と言っても、それは人々を見ながら、これがニュースバリューだと動いていく。アメリカのニュースバリューは、例えばオバマケアが良い方と悪い方に分かれたら、そのどちらかに合わせてやっている。社会の分断はやっぱり止めないといけない。止めないといけないけど、これはなかなか難しい問題がある。日本は実は、OECD加盟国で最も分断していない国です。最も分断している国がアメリカ。欧州がかつて最も分断していた方だが、欧州よりもアメリカ、そして韓国です。日本は最も分断していません。メディアの信用度も日本は最も高い方です。「日本も分断してますね、アメリカの状況はもう日本と同じですね」と皆さん反論されますが、そこまでは絶対行きません、まだ当分。でも、われわれが分断社会になって、メディアが客観性を失えばなかなか難しい。

三つ目。メディアは客観的なことを地道にやるしかないわけですが、お金が伴わない。このあたりは難しいです。答えはありませんが、財源を見つけて、継続的にちゃんとした報道をしないと。

私が聞いている日本の新聞社やテレビの方々はカツカツですよね。日本のメディアのピークは90年代の、いや、2000年代の頭ですかね。読売新聞1,000万部という時代でした。今はどこも大変。何とか新しいビジネスモデルを必死で見つけてほしいです。

Yahoo!ニュースに頼ってしまったから大変なんですよね。「Yahoo!トピックス

に取り上げられたらラッキー」という新聞記者の本音がいかに短絡的で、自分たちの将来を縛っているのかを自覚してほしい。でも Yahoo! 側もやめてほしい。私は Yahoo! の社長さんに「本当にとんでもないですよ、日本のメディアを潰してますよ」と言ったことがありますが、もっと新しいアイデアを皆さま方で考えていただければ日本社会も良くなると思います。

多言語の報道、日本語教育の強化を

杉田 それでは最後に柯隆さん、在日中国人として見た日本の中国報道に、どういう期待を持たれていますか。

柯 さすが杉田さん、僕の頭の中を見られたような感じがして、まさに今その話をしようと思ったところです。というのは、日本の多言語の報道は想像以上に貧弱です。僕は日本に来る前、中国で英語を勉強したときによく聴いていたのがVOA（Voice of America）、中国語のニュース、英会話のレッスン、それから南京で日本語を勉強したときに、NHK の国際放送の日本語の部分を聴いていました。

イギリスの BBC の中国語もだけど、多言語の放送がどれだけすごいかというのはご存知の通り。一つ日本にとって参考になるというか、勉強しなきゃいけないのが、イギリスが外国人に英語を教える努力。これはすさまじいです。皆さんがご存知ないことを一つ申し上げると、イギリスの英語教育の GDP はイギリスの農業より大きい。どれだけすごいのか。例えば英会話の辞書、テープ、オックスフォードとかケンブリッジとか、あれをトータルして GDP にして計算すると、農業より大きいわけです。フランスやドイツの国営放送も全部多言語なで、ものすごく充実しています。要はやっぱり国家、政府も全部力を入れて、新聞社と一緒にもっと情報発信していくべき。

一つ事例を申し上げると、ALPS 処理水の問題。あれは毎日検査しているはずです。であれば、中国語サイトでも多言語のサイトでも毎日データを更新しないと。コロナの時、毎日午後4時にテレビなどで今日の感染者が何人と報道していたじゃないですか。あれぐらいやらなきゃいけないと私は思いますよ。

第2部　パネルディスカッション

　どんどん情報公開をしてトランスペアランシー、透明性が高まればイメージも変わる。内向きになってしまっていて、先ほど真山さんがおっしゃった、日本はここから引っ越せないのはそうなんだけど、引っ越せなければもっと日本という国を国際化していく。

　今、実は日本は一つの危機に直面している、どういうことかというと、日本に移住してきている外国人、あるいは旅行に来ている外国人、彼らに日本語を教える努力がほとんどないわけですよ。

　日本語を教えないと、日本の文化習慣になじんでこない。私も町内会の組長をやりましたが、外国から移住してきた人にゴミの捨て方を説明するのは苦労するよ（笑）。原則は分かるけど、例えば、使えなくなったやかんを何曜日に捨てるか、実は分かりにくい。区役所や市役所に電話してもお互い言葉が通じない。そういう点はもっと努力しないと、10年、20年後に日本の治安はひどく悪化すると思います。多言語の報道は何も海外にいる外国人だけじゃなくて、日本に来ている外国人のコミュニティーの中で、クルド人も含めて、中国人も、そういう情報を得られるチャンネルを用意してあげるのは、僕は日本のためでもあると思います。

中国とロシアの軍事協力は

観客　柯隆さんにお伺いします。トランプ政権が登場してきて、今後中国がロシアとの軍事協力にどこまで踏み込むのか、あるいは逆に踏み込まなくなるのか、どうお考えですか。

柯　ありがとうございます。踏み込めないと思います。踏み込んだら中国経済は持たないです。やはり一つは国内経済、もう一つはイノベーション、半導体などが手に入らないわけですから、これ以上トランプを怒らせたらえらいことになります。習近平政権にとって、差し当たってこれからの4年間、やはりトランプ政権とできる限り関係を改善していく。もちろん、ロシアときっぱりと関係を切るのはあり得ないので、ほどほどにしながら、アメリカにアプローチするのが一番の特策、北京がそう考えているのは間違いないと思います。

82

分断国家・米国とシン国際秩序

メディアの公正原則は守られるべきか

観客　前嶋さんにお聞きします。アメリカで分断が進んでいるということですが、私の理解では1980年代の後半ぐらいに、確かテレビ局の公正原則を廃止したと思います。その影響がかなりあるのではないでしょうか。日本でも、大手メディアの公正原則は撤廃せよと言う政治家もいますが、いかがですか。

前嶋　検証するのはなかなか難しい話ですが、フェアネス・ドクトリン、公正原則というのは、もう80年代以降、アメリカはどこでも基本的にCATVの時代になった、その中で、地上波、ラジオもテレビも公平性を保たないといけない。70年代の「サタデー・ナイト・ライブ」とかすごくて、これは半分冗談ですが、「1分共和党の悪口を言ったから、今度1分民主党の悪口を言いますよ」と、イコールタイム・ルールに従いますと言っていた。「サタデー・ナイト・ライブ」、私は第1話からずっと見ていますが、全部見ているのはまた問題かもしれませんが（笑）、要するにさっき言ったCNNもMSNBCもFOXもその対象ではないんですね。だからなかなかもう難しい。

　FCC、連邦通信委員会の法務担当の弁護士と何回か話したことがありますが、もう公正原則を戻すのは不可能、絶対無理。誰がチェックする？　という話になります。もうあり得ないという話です。ただ、おっしゃった通りで、そこから何が生まれたのか。

　「ラッシュ・リンボー・ショー」、分かる方は分かるかもしれない。さっきジョー・ローガンの話を杉田さんがされていましたが、ジョー・ローガンなんてもんじゃないです。トランプを10倍お下劣にした番組を毎日3時間やっている。ものすごく受けて、南部の保守を開拓した。フェミナチという言葉を生み出したのはラッシュ・リンボーですが、これまで黙っていたことを言っていいんだ、フェミニストはナチスだと、そういう理解が広がっていった。

　そのモデルを真似したのがFOXニュースです。ラッシュ・リンボーそのものをテレビに連れて行ったら話が全然うまくないので、リンボーに似たような人を連れてきて、保守のプロパガンダチャンネルのモデルを作った。その意味で、フェアネス・ドクトリンでラッシュ・リンボーが成功した、そのずっと後でショー

83

ン・ハニティーが成功した。これはやっぱり大きかったのかと思います。その意味で、南部の言ってはいけないようなことを言えるようになった、その壁が抜けたということは大きいのかと思います。ただ検証不可能なんですけどね。

ポータルサイトの有用性

観客　前嶋さんにお聞きします。先ほど Yahoo! の社長に Yahoo! ニュースのせいでニュースが悪くなったと言ったとおっしゃいましたが、その回答はいかがでしたか。

前嶋　「いや、そうは思わない」と。Yahoo! ニュースっていうのは要するに既存のメディアの一種のキュレーションですよね。そこをまとめて Yahoo! トピックスにしたということ。

　あと、もっと Yahoo! が問題なのは、ニュースの下のコメント欄です。Yahoo! の立場を代弁すると、コメントというのは人々の意見であって、そこがまたページビューを呼ぶわけですが、人々の意見こそ民主主義だと。ただあまりにもひどい言葉が多いので、今 AI で分析してひどいのは下げたり、消したりしています。私もヤフーの人に言って消してもらったりしています。私も Yahoo! のコメンテーターですが、コメンテーターのコメントを上に出すと変な書き込みが減るという話があるようです。

　とは言え、仕組みは便利。Yahoo! のトップページを開くと、納得できないけど八つのトピックスがあって、なぜか一つ二つは芸能とスポーツで、社会があってという、あれにわれわれはもう慣れてしまった。この 1 回作ったモデルを変えるのはなかなか難しい。変えたらどうなるんだと。余計ポータルがなくなる。NHK のサイトを見るのかもしれませんが、われわれがわれわれ自身でポータルを、私のニュースのフレームワークを作らないといけない。

　それを Yahoo! がやって、それが浸透してしまった。Yahoo! としては一種のビジネスモデルになって、でもどうでしょうかね、Yahoo! の中であれが本当にビジネスモデルとして大きくもうかっているか微妙です。でも人々の民主主義をつくるためにやっているという信念は持っていて、そんな話を Yahoo! の法務の方

とも何回も話したことがあります。

杉田　時間をだいぶオーバーしましたので、ここで終わりたいと思います。

　今日は充実した、エキサイティングなパネルディスカッションになりました。聴衆の方々の質問も事前質問、オンライン、あるいは今日会場で挙手された方々の質問も含めて大変重要な質問を提起していただいてありがとうございます。今日登壇していただいた３人の先生方、本当にありがとうございました。

シンポジウム

分断国家・米国とシン国際秩序
～メディアは混迷する世界情勢をどう報じるか～

発行日　2025年3月29日　初版第1刷発行

発行人　西沢　豊
編集人　一ノ瀬英喜
発行所　公益財団法人 新聞通信調査会
　　　　〒100-0011
　　　　東京都千代田区内幸町2-2-1　日本プレスセンタービル1階
　　　　TEL　03-3593-1081（代表）　FAX　03-3593-1282
　　　　URL　https://www.chosakai.gr.jp/

装丁　　野津明子（böna）
写真　　井上良一（口絵、本文）・共同通信社
編集協力　株式会社共同通信社・久世由美子
印刷・製本　株式会社太平印刷社

・乱丁、落丁本は弊会までお送りください。送料弊会負担でお取り換えいたします。
・本書の無断転載・複写は、著作権法上禁じられています。本書のスキャン、デジタル化など
　の無断転載もこれに準じます。

ISBN978-4-907087-46-3
© 公益財団法人 新聞通信調査会 2025 Printed in Japan